Norbert Hoerster

Utilitaristische Ethik und Verallgemeinerung

Norbert Hoerster

Utilitaristische Ethik und Verallgemeinerung

Verlag Karl Alber Freiburg/München

CIP-Kurztitelaufnahme der Deutschen Bibliothek

Hoerster, Norbert
Utilitaristische Ethik und Verallgemeinerung. – 2. Aufl. – Freiburg [Breisgau], München: Alber, 1977.
(Alber-Broschur Philosophie)
ISBN 3-495-47217-7

2. Auflage 1977

Satz und Druck: Presse-Druck Augsburg
ISBN 3-495-47217-7

Vorwort

Die ethische Theorie des Utilitarismus ist in der angelsächsischen Welt spätestens seit J. Bentham (1748–1832) zu Hause und erst in jüngster Zeit wieder lebhaft diskutiert worden. Im deutschen Sprachbereich ist sie dagegen so gut wie unbekannt.
Die vorliegende Untersuchung möchte, auf dem Hintergrund einer knappen Einführung in den allgemeinen Inhalt einer utilitaristischen Ethik, ein spezielles, erst in den letzten Jahren in den Vordergrund getretenes Problem des Utilitarismus im Detail diskutieren: den Status des utilitaristischen Prinzips der Verallgemeinerung. In welchem logischen Verhältnis steht dieses Prinzip, das vielen unserer ethischen Alltagsurteile zugrunde liegt („was wären die Folgen, wenn jeder so handelte?"), zu anderen Formen einer utilitaristischen Theorie? Wie läßt es sich begründen? Welche sozialphilosophischen Konsequenzen ergeben sich vom utilitaristischen Standpunkt aus seiner Nichtbeachtung?
Daß für den Utilitarismus Ethik und Sozialphilosophie in einem engen Zusammenhang stehen, zeigt die faszinierende Theorie von Th. Hobbes, der de facto am Modell des Prinzips der Verallgemeinerung seine Rechtfertigung des Staates ableitet. Daß Hobbes im fundamentalen Ansatz einen psychologischen und ethischen Egoismus – und nicht Utilitarismus – vertritt, erhöht eher die Anregung, die eine realistische politische Ethik aus ei-

ner kritischen Verarbeitung seiner Staatsphilosophie gewinnen kann.

Die gelegentlichen Symbolisierungen sind zum Verständnis des Textes nicht erforderlich. Sie sind nicht aufzufassen als Formeln einer aussagen- bzw. prädikatenlogischen Theorie, sondern lediglich als Abkürzungen, die dazu dienen mögen, einigen Lesern die Argumentation durchsichtiger zu machen.

München, Januar 1971 *Norbert Hoerster*

Diskutierte Prinzipien

PG (Prinzip der Gleichheit): Was eine beliebige Person x (nicht) tun sollte, das sollte auch jede andere Person (nicht) tun, die sich in gleichen Umständen wie x befindet

HU (Handlungsutilitarismus): Eine Handlung, die schlechte Folgen hat, sollte nicht ausgeführt werden

RU_1 (Regelutilitarismus$_1$): Eine Handlung, die im allgemeinen schlechte Folgen hat, sollte nicht ausgeführt werden

RU_2 (Regelutilitarismus$_2$ = Prinzip der Verallgemeinerung): Eine Handlung, deren allgemeine Ausführung schlechte Folgen hat, sollte nicht ausgeführt werden

Die einzelnen Stufen der Ableitung von RU_2 aus HU und PG finden sich auf S. 55–56

Inhalt

I. Kapitel
Der Utilitarismus

1. Utilitarismus und normative Ethik

Der Utilitarismus ist eine ethische Theorie des richtigen Handelns. Das bedeutet zweierlei. Zum einen: Der Utilitarismus beurteilt menschliche *Handlungen,* insofern sie sittlich *richtig* oder *unrichtig* (falsch), *erlaubt* oder *unerlaubt* sind, insofern jemand sie ausführen oder nicht ausführen *sollte,* insofern ihre Ausführung eines Menschen *Pflicht* (Verpflichtung) ist oder nicht usw. In diesem Sinne kann man abkürzend sagen: Er ist eine Theorie der „Verpflichtungsurteile". Zum zweiten: Der Utilitarismus stellt sich in seiner theoretischen Beschäftigung mit ethisch richtigem Handeln nicht die *empirische* Frage, wie die Menschen sich in ethischen Situationen tatsächlich verhalten oder wie sie glauben, daß sie sich verhalten sollten. Er stellt sich auch nicht die *metaethische* Frage nach Bedeutung und Gebrauch ethischer Handlungsbegriffe. Sein Gegenstand ist vielmehr die *normativ-ethische* Frage, nach welchen Prinzipien die Menschen ethisch handeln sollten.

Es wäre ein Vorurteil anzunehmen, rationale Reflexion müsse vor einer solchen Frage nach den richtigen Prinzipien ethischer Lebensführung kapitulieren und sie einem willkürlichen „Engagement" oder „Bekenntnis" des einzelnen überlassen. Einer derartigen Auffassung widerspricht schon unsere alltägliche Erfahrung, daß wir erstens über ethische Probleme (zumindest gelegentlich) rational diskutieren und zweitens nicht selten davon ausgehen, für unsere ethischen Urteile, sofern wir sie für wohlüberlegt halten, die Zustimmung aller vernünftigen Menschen beanspruchen zu dürfen. Die Rolle der Ratio in der Ethik drückt sich etwa darin aus, daß man eine versuchsweise angenommene ethische Auffassung oder Theorie Testfragen unterwirft wie den folgenden:

Verdankt sie sich Begründungszusammenhängen, die logisch fehlerhaft sind? Weist sie begriffliche Unklarheiten oder Unstimmigkeiten auf, die in ihrer Anwendung zu Unsicherheiten oder Verwirrungen führen können? – Beruht sie auf deskriptiven Annahmen, die, sofern empirischer Natur, unbewiesen sind oder, sofern metaphysischer oder religiöser Natur, nicht hinreichend begründet werden können? – Läßt sie sich aus allgemeineren Prinzipien ableiten, die niemand ernsthaft in Zweifel zieht? Lassen sich etwa Gegenbeispiele finden, deren prima facie sich aufdrängende Lösung wir auch nach kritischer Infragestellung weniger bereit sind aufzugeben als unsere zur gegenteiligen Lösung führende Auffassung?

Anhand derartiger Fragen möchte die vorliegende Abhandlung einige Aspekte des Utilitarismus kritisch untersuchen. Intendiert ist eine klärende Analyse der utilitaristischen Position, eine logische Differenzierung ihrer wichtigsten Spielarten sowie eine Lokalisierung der mit ihnen verknüpften Einwände und Probleme. Ob eine utilitaristische Ethik sich rechtfertigen läßt oder nicht, mag eine offene Frage bleiben. Relevante Gesichtspunkte für ihre Lösung aufzuzeigen und dabei den Utilitarismus als eine Theorie zu erweisen, die unter dem Gesichtspunkt der ethischen Wahrheitsfindung eine ernsthafte Auseinandersetzung verdient, ist das eine Ziel der folgenden Ausführungen. Ihr zweites Ziel ist die genaue Klärung des Verhältnisses zwischen der Theorie des Utilitarismus und dem – im einzelnen noch vorzustellenden – Prinzip der Verallgemeinerung.

2. *Utilitarismus als teleologische Theorie*

Der Utilitarismus behauptet, daß die ethische Richtigkeit bzw. Unrichtigkeit von Handlungen abhängt von der positiven bzw. negativen Qualität ihrer Konsequenzen: Handlungen sind richtig, insofern sie „Utilität“ besitzen, d. h. nützlich sind durch ihre Folgen. Der Utilitarismus ist insofern eine teleologische Theorie und steht im Gegensatz zu allen deontologischen Theorien des richtigen Handelns. Für diese zählen nicht (oder doch nicht ausschließlich) die *Folgen* einer Handlung als Kriterium ihrer Richtigkeit. Ethische Handlungsbegriffe erscheinen vielmehr in dem Sinne fundamental, daß sich die Richtigkeit, Pflichtgemäßheit, Unerlaubtheit usw. gewisser Arten von Handlungen (etwa der Dankbarkeit gegenüber Wohltätern, des Haltens von Versprechen, des Gehorsams gegenüber Gott, der Lüge) nicht weiter ableiten läßt. Auf den ersten Blick spricht einiges gegen eine derartige Konzeption des ethischen Handelns: Erstens läßt sie mehrere oberste Prinzipien zu, zwischen denen Konflikte denkbar sind, und sieht sich insofern mit der Nachfrage nach höherrangigen Prinzipien zur Regelung der Prioritätsfragen konfrontiert. Zweitens wäre es verwunderlich, wenn bei der moralischen Beurteilung von Handlungen nicht im Vordergrund zu stehen hätte, ob diese Handlungen die Befriedigung menschlicher Interessen fördern oder vereiteln, also ihre Auswirkungen. Ob freilich der Utilitarismus, der diesen Bedenken nicht ausgesetzt ist, und insofern im Ansatz plausibler als die deontologische Konzeption erscheint, sich nicht, in seine Konsequenzen verfolgt, noch größeren Schwierigkeiten gegenübersieht und letzten Endes vor jener Konzeption doch ganz oder teilweise kapitulieren muß, ist noch die Frage.

Die teleologische Formel des Utilitarismus bedarf, wie sie soeben vorgestellt worden ist, in verschiedenen Punkten der Ausfüllung und Präzisierung.

a. Von den übrigen teleologischen Theorien des richtigen Handelns unterscheidet sich der Utilitarismus dadurch, daß er *alle* Konsequenzen der betreffenden Handlung[1] in Betracht zieht. Demgegenüber beschränken andere teleologische Konzeptionen die relevanten Konsequenzen auf jene, die den Handelnden selbst (Egoismus) oder eine mehr oder weniger umfassende Gruppe, der er angehört, etwa seine Nation (Nationalismus) betreffen. Für den Utilitarismus zählen *alle* Menschen, gleichgültig in welcher Beziehung sie zu dem Handelnden stehen, sofern sie nur von der Handlung betroffen sind.

b. Wenn der Utilitarismus behauptet, daß es auf die „Qualität" der jeweiligen Handlungskonsequenzen ankommt, so setzt er für die Anwendung seiner These eine Kenntnis dessen voraus, worin die gute bzw. schlechte Qualität von Konsequenzen zu erblicken ist. D. h. er setzt eine Theorie darüber voraus, nach welchem Kri-

[1] Zur Bedeutung des Begriffes „Konsequenzen" eingehend L. Bergström, The Alternatives and Consequences of Actions, passim.

terium etwas Wert hat, insofern es als „gut“, „wünschenswert“, „schlecht“, „unerfreulich“ usw. bezeichnet werden kann. Eine solche Theorie ist, im Unterschied zum Utilitarismus selbst, den wir als eine Theorie der „Verpflichtungsurteile“ charakterisieren konnten, ihrem Gegenstand nach eine Theorie der „Werturteile“.[2] Und zwar ist sie eine Theorie der nicht-moralischen Werturteile. Denn Dingen wie Häusern, Spielen, Erlebnissen, die ihr gemäß „gut“ oder „schlecht“ sind, kann nicht sinnvoll ein *moralischer* Wert zugeschrieben werden. Moralischen Wert können nur Menschen samt ihren Absichten, Wünschen, Charaktereigenschaften usw. haben. Moralische Werturteile über diese, anders als nicht-moralische Werturteile über alle möglichen Gegenstände, aber zieht der Utilitarismus keineswegs zur Reduktion von Verpflichtungsurteilen heran. Er befindet sich damit durchaus im Einklang mit der allgemeinen Sprechweise, die gerade umgekehrt jene moralischen Werturteile ihrerseits auf Verpflichtungsurteile zurückführt. Wir nennen ja etwa jemanden einen guten Menschen, wenn er sich regelmäßig bemüht, das Richtige zu tun.

Der Utilitarismus hält also im normativen Bereich die nicht-moralischen Werturteile („diese Sache ist gut“) für fundamental. Von diesen leitet er die Verpflichtungsurteile („diese Handlung ist richtig“) ab und von ihnen wiederum die moralischen Werturteile („dieser Mensch ist gut“). Es verdient in diesem Zusammenhang Beachtung, daß wir in der Alltagssprache nicht selten auch *Hand-*

[2] Dieser Begriff wird hier demnach in einem engeren Sinn verwendet, als wenn er, wie häufig, dazu benutzt wird, *alle* nicht-deskriptiven oder normativen Urteile (also auch unsere „Verpflichtungsurteile“) zu bezeichnen.

lungen als „gut“ usw. bezeichnen. Ob wir damit jedoch ein Verpflichtungsurteil über die Handlung zum Ausdruck bringen, d. h. „gut“ im Sinne von „richtig“ oder „pflichtgemäß“ verwenden, bleibt im jeweiligen Fall zu prüfen. Häufiger dürften wir meinen, daß die betreffende Handlung einem guten Motiv entspringt – was mit ihrer Unrichtigkeit durchaus vereinbar ist. (Wenn z. B. A, ein schlechter Schwimmer, in den reißenden Strom springt, um den ertrinkenden B zu retten, und dabei, wie mit Sicherheit zu erwarten war, auch selbst ertrinkt, so mag das in diesem Sinne eine gute, aber kaum eine richtige Tat gewesen sein).[3]

3. Utilitarismus und Wertlehren

Als Theorie der Verpflichtungsurteile ist der Utilitarismus mit jeder beliebigen Theorie nicht-moralischer Werturteile vereinbar. (Erforderlich ist für seine Anwendbarkeit allerdings, daß er mit *irgendeiner* derartigen Theorie kombiniert wird.) Gewöhnlich setzen philosophische Wertlehren die Unterscheidung voraus zwischen Dingen, die in sich selbst wertvoll sind, und Dingen, deren Wert darin liegt, daß sie zur Erlangung von Dingen der erstgenannten Art ein geeignetes Mittel sind (wie etwa, nach Meinung der meisten Menschen, das Geld). Ob etwas einen derartigen instrumentalen Wert hat, ist eine empirische Frage. Die Philosophie beschränkt sich auf die Erörterung des „in sich“ Wertvollen.

[3] Vgl. zu der vorangehenden Unterscheidung von drei Arten normativer Urteile mit treffenden Beispielen W. K. Frankena, Ethics, S. 8 ff.

Zwei grundlegende Konzeptionen lassen sich unter den philosophischen Werttheorien unterscheiden. Nach der einen, vom Hedonismus und Eudämonismus vertretenen, Auffassung zählt nur ein einziges als in sich wertvoll, und zwar jener Zustand des menschlichen Geistes, den man als Vergnügen bzw. Glück bezeichnen kann. Nach einer anderen Auffassung gibt es dagegen eine Pluralität höchster Werte, die solche Dinge wie Erkenntnis, Gesundheit, Schönheit umfassen mögen. Als Ergänzung des Utilitarismus am plausibelsten ist vielleicht eine dritte, aus der ersten entwickelte Auffassung, welche die Befriedigung menschlicher Bedürfnisse, Interessen und Wünsche in den Mittelpunkt einer Wertlehre stellt. Denn sie nimmt zum einen die Begünstigten einer utilitaristischen Moral als selbstständige Personen ernst, indem sie ihnen die Möglichkeit gibt, *selbst* zu entscheiden, worin sie eine „Begünstigung" erblicken. (Man könnte sagen, sie löst ihre Ausgangsfrage dadurch, daß sie zu Gunsten der betroffenen Individuen auf eine Lösung verzichtet.) Zum anderen trägt sie der Einsicht Rechnung, daß Glück oder Vergnügen häufig nicht etwas ist, das sich als Ziel einer menschlichen Handlung isolieren ließe, sondern eine Begleiterscheinung von Tätigkeiten, die um ihrer selbst willen ausgeführt werden. Eine Einschränkung, die der Utilitarismus, will er nicht zu absurden Konsequenzen Anlaß geben, jeder Wertlehre auferlegen muß, ist diese: Solche Arten von Vergnügen bzw. Interesse müssen prinzipiell außer Ansatz bleiben, deren Inhalt in nichts als der *Vereitelung* von Vergnügen bzw. Interessenbefriedigung anderer liegt.[4]

[4] Zur Problematik „Utilitarismus und Wertlehre" ausführlich J. Narveson, Morality and Utility, S. 51 ff.

Nicht selten haben Utilitaristen nicht nur die Befriedigung *menschlicher* Bedürfnisse, sondern die Befriedigung von Bedürfnissen aller fühlenden Lebewesen, also auch vieler Tierarten in ihre Formel miteinbezogen. Eine solche Einbeziehung erscheint plausibel. So ergibt sie etwa, daß es sittlich falsch ist, aus bloßem Sadismus Tieren Schmerz zuzufügen. Um die Mehrzahl der praktischen Probleme im Umgang mit Tieren lösen zu können, müßte sie allerdings mit einem weiteren ethischen Prinzip verbunden werden, das für den Konfliktsfall menschlicher und tierischer Interessen (sowie den Interessen verschiedener Tierarten) eine gewisse Vergleichsskala festlegt.[5]

Der Utilitarismus macht die Richtigkeit einer Handlung zur Funktion der Qualität ihrer Folgen. D. h. er hält von verschiedenen dem Handelnden offenen Alternativen diejenige für geboten, die bessere (oder weniger schlechte) Folgen hat als jede der übrigen Alternativen. Damit setzt er die Möglichkeit voraus, den vergleichsweisen Wert verschiedener Handlungskonsequenzen zu kalkulieren. Diese Möglichkeit aber erscheint, gleichgültig welche der soeben skizzierten Wertlehren man akzeptiert, nicht unproblematisch: Worin ließe sich etwa die *Einheit* an Vergnügen oder Interessenbefriedigung erblicken, an der man jeden konkreten Fall der Hervorbringung solcher Werte größenmäßig messen könnte? Kann ich wirklich sagen, daß mir in einer bestimmten Situation das Konzert a, sagen wir, doppelt soviel Befriedigung verschafft wie das Konzert b? Und wie steht es gar, wenn es darum geht, den Wert von

[5] Zur Berücksichtigung von Tieren in der Moral vgl. A. M. MacIver, Ethics and the Beetle, Analysis 8 (1948), S. 65 ff.

Konzerten mit dem von Weinen zu vergleichen sowie den Vergleich dann durchzuführen, wenn Konzert c und Wein d von *verschiedenen* Personen genossen werden?

Ein hedonistischer Kalkül, der beansprucht, jeder konkreten Befriedigung eine *Kardinal*zahl zuordnen zu können, erscheint in der Tat illusionär: Es ist weder möglich, eine *Einheit* angenehmer Empfindung anzugeben, noch lassen sich etwa Relationen zwischen den Gesamtwerten, die verschiedene Handlungsalternativen hervorbringen, im Wege der Addition bzw. Subtraktion des Wertgehalts ihrer verschiedenen Einzelkonsequenzen aufstellen. Daraus folgt jedoch nicht, daß *jede* Form eines wertenden Vergleichs zwischen verschiedenen Handlungsfolgen ausgeschlossen ist. Es erscheint vielmehr nicht selten möglich, von mehreren Alternativen zu sagen, welche das *größere* Maß an Bedürfnisbefriedigung bedeutet. D. h. man kann, ohne die Aufstellung präziser Größen, unter Verwendung der *Ordinal*zahlen sagen, daß Alternative a wertmäßig an erster, Alternative b an zweiter und Alternative c an dritter Stelle steht. So ist etwa ein Butterbrot für mich von größerem Wert, wenn ich vier Tage als wenn ich vier Stunden nichts gegessen habe. Und unter bestimmten Umständen besteht kaum ein Zweifel, daß das Konzert c dem X größere Befriedigung verschafft als die Flasche Wein d dem Y.

Nach alledem dürfte es nicht prinzipiell ausgeschlossen, wenn auch häufig schwierig sein, verschiedene Handlungsalternativen entsprechend der Qualität ihrer Konsequenzen in eine Rangordnung einzustufen. Das utilitaristische Kriterium ist somit nicht schon deshalb nicht sinnvoll, weil eine Anwendung seiner Kategorien auf die Wirklichkeit unmöglich wäre.[6]

4. *Spielarten des Utilitarismus*

Bisher sind wir als selbstverständlich davon ausgegangen, daß die ethische Richtigkeit von Handlungen sich nach den *tatsächlichen* Folgen dieser Handlungen richtet. Daraus folgt, daß wir selbst eine Handlung mit unvorhersehbaren, schlechten Folgen als objektiv falsch bezeichnen müssen. Wir können lediglich soweit gehen, den Handelnden von einem Vorwurf freizusprechen und ihm gute Intentionen zu bescheinigen. Diese theoretische Konstruktion steht nun aber mit unseren alltäglichen ethischen Urteilen nicht immer in Einklang. Nehmen wir an, ich nehme als Autofahrer einen Anhalter mit, der dann bei einem Unfall, in den ich ohne die geringste Schuld mit meinem Auto verwickelt werde, ums Leben kommt. Wären wir bereit zu sagen, daß mein Handeln, das kausal für den Tod wurde, in irgendeinem (auch noch so objektiven Sinne) *falsch* war? Wir würden allenfalls etwas sagen wie: „Es wäre besser gewesen, wenn ich ihn nicht mitgenommen hätte." Trotzdem ist es, hat man sich einmal diese Divergenz vom üblichen ethischen Sprachgebrauch klargemacht, harmlos, den meisten Utilitaristen[7] zu folgen und einen strikt *objektiven* Sinn der betreffenden Begriffe zu konstruieren, auf dessen Ebene die subjektive Beziehung

[6] Vgl. zu dieser Problematik auch R. B. Brandt, Ethical Theory, S. 346 ff.

[7] Siehe etwa G. E. Moore, Ethics, S. 118 ff.

des Handelnden zu den Folgen seiner Tat (d. h. ob er diese Folgen kannte oder doch kennen mußte) irrelevant ist.

Absehen können wir für unser Thema auch von einem weiteren Formulierungsproblem des utilitaristischen Kriteriums: Soll es eine Pflicht implizieren, in jeder Situation gute Konsequenzen herbeizuführen (positiver Utilitarismus) oder lediglich schlechte Konsequenzen zu vermeiden (negativer Utilitarismus)? *Beide* Positionen führen teilweise zu unannehmbaren Ergebnissen. So beinhaltet ein positiver Utilitarismus, daß ich verpflichtet bin, zumindest jenen Teil meiner Freizeit, den ich nicht zur Erholung dringend benötige, etwa karitativen Aufgaben zu widmen. Kein nichtssagend-folgenloses Vergnügen wäre mehr erlaubt. Ein negativer Utilitarismus dagegen scheint zu der sittlichen Forderung zu führen – als dem sichersten Mittel, menschliches Elend ein für allemal aus der Welt zu schaffen –, die menschliche Rasse auf schmerzlosem Wege zu eliminieren.[8] Diese Konsequenz läßt sich vielleicht dadurch vermeiden, daß man das utilitaristische Kriterium nur solche Handlungen gebieten läßt, die in der Verhinderung eines negativen *Übergewichtes* von Handlungsfolgen liegen, d. h. daß man solche negativen Folgen in Kauf nimmt, die durch andere positive Folgen aufgewogen werden. Die genannten Probleme einer positiven Fassung des Utilitarismus andererseits lassen sich vielleicht dadurch mildern, daß man im Bereich ethischer Handlungsbegriffe zwischen einem starken Gebrauch (etwa typisch für „Pflicht“) und einem schwachen Gebrauch (etwa im Sinne von „erfreulich“) unterscheidet:

[8] Vgl. R. N. Smart, Negative Utilitarianism, Mind 67 (1958), S. 542 f.

A sollte weder seine Mitmenschen quälen noch sein ganzes Geld für seine Vergnügungen ausgeben. Beide Urteile erscheinen plausibel. Das ethische Gewicht des „Sollens" ist jedoch in beiden Fällen ein verschiedenes.[9]

5. Handlungs- und Regelutilitarismus

Wir kommen jetzt zum eigentlichen Problem dieser Abhandlung: Soll es für das utilitaristische Kriterium richtigen Handelns auf die Folgen der jeweiligen spezifischen Handlung oder auf die Folgen einer Klasse von Handlungen ankommen, der diese Handlung angehört? Nach welchem Gesichtspunkt soll im letzteren Fall die betreffende Klasse gebildet werden? Läßt sich das Prinzip, daß die Folgen einer *Klasse* von Handlungen zählen, aus einem anderen Prinzip gültig ableiten; in welcher logischen Beziehung steht es insbesondere zu dem Prinzip, daß allein die Folgen jeder *einzelnen* Handlung relevant sind?

Man hat die Form der utilitaristischen Theorie, welche auf die einzelne Handlung abstellt, als „Handlungsutilitarismus" oder „extremen Utilitarismus" und die Form, welche auf eine Klasse von Handlungen abstellt, als „Regelutilitarismus" oder „eingeschränkten Utilitarismus" bezeichnet. Den Regelutilitarismus hat man erst in den letzten Jahrzehnten als Alternative zum Handlungsutilitarismus klar formuliert.[10] Man hat dieses vor allem getan, um die Kritik an gewissen frag-

[9] Näher zu diesen Problemen J. Feinberg, Supererogation and Rules, Ethics 71 (1961), S. 276 ff.

[10] Zuerst J. O. Urmson, The Interpretation of the Moral Philosophy of J. S. Mill, Philosophical Quarterly 3 (1953), S. 33 ff.

würdigen Konsequenzen des Handlungsutilitarismus aufzufangen. Die folgenden Beispiele mögen solche Konsequenzen deutlich machen.

a. Schwierigkeiten des Handlungsutilitarismus

Beispiel a: A hat dem B versprochen, mit ihm an einem Samstagnachmittag Schach zu spielen. Am Samstagmorgen bittet A sein Freund C, ihm am Nachmittag bei seinem Umzug zu helfen. A kann B nicht mehr erreichen, um die Schachpartie abzusagen. A würde, so wollen wir annehmen, durch seine Hilfe beim Umzug mehr Gutes tun als durch seine Teilnahme am Schachspiel. Insbesondere wäre B's Enttäuschung übers A's Ausbleiben durch A's Beitrag zum Umzug mehr als aufgewogen. Ist A nicht trotzdem verpflichtet, seine Verabredung einzuhalten, d. h. eine Handlungsalternative zu wählen, die unter den möglichen Alternativen in ihren Folgen nicht die optimale ist?

Beispiel b: A verspricht seinem kleinen Sohn, er werde das gewünschte Fahrrad zu Weihnachten nur bekommen, wenn er sich in der Schule in Zukunft besonders anstrenge. In Wirklichkeit hat A das Fahrrad schon gekauft und ist entschlossen, es seinem Sohn in jedem Falle zu schenken. Der Sohn zeigt, als Folge des Versprechens, eine geringfügige Besserung in seinen Schulleistungen. Wird A's Lüge durch diese positiven Folgen, wie der Handlungsutilitarist schließen müßte, tatsächlich gerechtfertigt?

Beispiel c: A wohnt in der Großstadt x und ist Eigentümer eines Schwimmbades. In einem heißen Sommer werden die Bewohner von x aufgefordert, wegen bestehender Wasserknappheit ihren Verbrauch an Wasser auf das Nötigste zu beschränken. Während sich die übrigen Besitzer von Schwimmbädern an diese Aufforderung halten und im Interesse einer gesicherten Trinkwasserversorgung auf Badefreuden verzichten, setzt A sein Bad in Betrieb. Er geht mit Recht davon aus, daß die Wassermenge für ein *Schwimmbad im gesamten Wasserhaushalt der Stadt nicht ins Gewicht fällt, daß er andererseits mit einem funktionsfähigen Schwimmbad seinen erwarteten Partygästen eine Freude machen wird. A wählt demnach die Handlungsalternative mit den besten Folgen. Handelt er nicht trotzdem sittlich falsch?*

A könnte in allen drei Fällen einer Regel folgen: der Regel, keine Versprechen zu brechen, der Regel, nicht zu lügen bzw. der Regel, bei allgemeiner Knappheit eines wichtigen Konsumgutes den persönlichen Verbrauch einzuschränken. Er würde dann so handeln, wie wir intuitiv geneigt sind, es für richtig zu halten. Beurteilt er dagegen die Richtigkeit seiner Handlungen einzig nach ihren jeweiligen Folgen, so wird er sein Versprechen brechen, lügen bzw. sein Schwimmbad benutzen. Etwas anderes würde allerdings gelten, wenn wir unsere Fälle etwas modifizieren. Nehmen wir etwa an, A's Versprechensbruch würde seine moralische Zuverlässigkeit gegenüber abgegebenen Versprechen überhaupt schwächen, so daß sich in ihm die Neigung entwickelte, nicht nur dann seine Versprechen zu brechen, wenn ein Bruch bessere Folgen hat, sondern etwa auch dann, wenn starke egoistische Gründe für einen Bruch sprechen. Oder nehmen wir im zweiten Fall an, A's ältere Kinder, die mit den Tatsachen vertraut sind, ziehen aus seinem Verhalten den Schluß, man brauche es mit der Wahrheit überhaupt nicht so genau zu nehmen, sondern sei, wenn man sich irgendeinen Vorteil davon erhoffe, moralisch befugt zu lügen. Nehmen wir schließlich im dritten Fall an, A's parasitäres Verhalten spricht sich herum; andere Schwimmbadbesitzer folgen seinem Beispiel, so daß schließlich doch die Trinkwasserversorgung der Stadt in Gefahr gerät.

In allen drei (modifizierten) Fällen würde das handlungsutilitaristische Prinzip ohne weiteres zu dem für richtig erachteten Ergebnis führen. Denn es besteht kein Grund, bei der Anwendung seines Kriteriums nur solche Folgen zu berücksichtigen, die unmittelbar menschliche Interessen berühren (wie die Enttäuschung einer gehegten Erwartung), und nicht auch solche Folgen, die unmittelbar in der Vornahme mehr oder weniger ähnlicher Handlungen in der Zukunft liegen. Diese Handlungen können aber, obschon der beispielgebenden Handlung auf den ersten Blick ähnlich, im Ergebnis negative Folgen haben.[11] Wenn wir jedoch gemäß der Ausgangsbeschreibung unserer Fälle davon ausgehen, daß Konsequenzen solcher Art nicht wirksam werden (oder jedenfalls nicht dergestalt, daß sie die jeweiligen positiven Folgen aufwiegen), so kann das handlungsutilitaristische Prinzip die genannten fragwürdigen ethischen Konsequenzen nicht vermeiden.

Vor der Ausarbeitung eines Regelutilitarismus boten sich der ethischen Theorie angesichts dieses Problems nur zwei Möglichkeiten: Entweder man blieb (Handlungs-)Utilitarist, akzeptierte heroisch alle Konsequenzen und erklärte seine intuitiv entgegenstehenden ethi-

[11] Ohne diese Bedingung hätte der Handlungsutilitarist keinen Grund, etwa A's Erziehung seiner Kinder zum Lügen zu bedauern. Denn sie würden ja zu einem Verhalten angeleitet, das seinem ethischen Grundprinzip gerade gemäß ist!

schen Urteile für irrational.[12] Oder man erklärte das utilitaristische Prinzip für unhaltbar, verzichtete darauf, die normative Ethik auf *ein* letztes Prinzip zu gründen, und postulierte einen deontologischen Katalog verschiedener, irreduzibler ethischer Pflichten, unter denen die Pflicht, gute Folgen herbeizuführen bzw. schlechte zu vermeiden, allenfalls *eine* unter anderen ist.[13]

b. Die Alternative des Regelutilitarismus

Das Anziehende des Regelutilitarismus nun besteht in seinem Versuch, die Vorzüge beider Positionen zu vereinen: Wie die deontologische Auffassung wird er unserer intuitiven Neigung gerecht, ethisches Verhalten nach Regeln zu beurteilen. Mit dem Handlungsutilitarismus andererseits verbindet ihn, daß er die Moral zu einer Funktion der Befriedigung menschlicher Interessen macht. Die Regeln sittlichen Wohlverhaltens sind für ihn nicht Selbstzweck, sondern bezogen auf das utilitaristische Ziel. Einziges Kriterium für ihre Aufstellung ist ihre Utilität, d. h. das positive Resultat ihrer allgemeinen Befolgung. Im Gegensatz zu einer deontologischen Auffassung und im Einklang mit dem Handlungsutilitarismus, fordert also der Regelutilitarismus die Ableitung aller sittlichen Sollensurteile aus einem einzigen Prinzip. Der Ableitungsprozeß aus diesem Prinzip ist für ihn jedoch, anders als für den Hand-

[12] So etwa (selbst *nach* Entstehen des Regelutilitarismus) J. J. C. Smart, Extreme and Restricted Utilitarianism, Philosophical Quarterly 6 (1956), S. 344 ff.

[13] So am überzeugendsten W. D. Ross, The Right and the Good, S. 16 ff.

lungsutilitarismus, ein zweistufiger: Um die sittliche Richtigkeit einer konkreten Handlung zu bestimmen, muß man zum einen die Konformität dieser Handlung mit einer Handlungsregel und zum zweiten die Konformität dieser Regel mit dem Prinzip der Nützlichkeit feststellen. In dreierlei Hinsicht kann allerdings auch der Regelutilitarist kaum umhin, die einzelne Handlung direkt am Utilitätsprinzip zu messen.

Erstens ist es nicht möglich, einen erschöpfenden Katalog von Regeln aufzustellen, unter welche sich *alle* utilitätsträchtigen Handlungen subsumieren ließen; es sind stets neue Handlungskonstellationen denkbar, die von keiner der bis dahin konzipierten Regeln erfaßt werden. Außerdem wäre schon das Ziel einer umfassenden Regelaufstellung nicht sinnvoll, da nur ein relativ beschränkter Regelkatalog im ethischen Alltag praktikabel ist; nur einigermaßen häufige, typische Situationen dürfen in ihm fixiert werden, soll er in der Praxis bequem anwendbar sein. Andererseits würde der Regelutilitarist seinem eigentlichen ethischen Ziel, der Herbeiführung optimaler Folgen, untreu werden, wollte er alle nicht von seinen Regeln erfaßten Fälle von vornherein für moralisch indifferent erklären. Als Lösung bietet sich an, jene (relativ seltenen) Fälle, die unter keine Regel fallen, *unmittelbar* dem utilitaristischen Kriterium zu unterstellen.

Zweitens stellt sich dem Regelutilitaristen das folgende Problem. Wie wir an unseren Ausgangsbeispielen gesehen haben, ist die regelutilitaristische Position u. a. dadurch definiert, daß sie eine Befolgung der Regeln selbst dann fordert, wenn im gegebenen Fall eine Nichtbefolgung der zutreffenden Regel bessere Folgen hätte. Soll diese Forderung aber selbst dann gelten, wenn die

Folgen der Regelverletzung *unverhältnismäßig* besser wären? Soll etwa in unserem Beispiel a A sein Versprechen selbst dann halten, wenn nur ein Bruch es ihm ermöglicht, einen bei seinem Nachbarn in dessen Abwesenheit ausgebrochenen Brand zu löschen? – Um ein derartig absurdes Ergebnis zu vermeiden, muß der Regelutilitarist auch *neben* seinen Regeln das Prinzip der Nützlichkeit selbst zur Fallösung zulassen und ihm gegenüber seinen spezifischen Regeln stets dann den Vorrang einräumen, wenn es durch die Befolgung der relevanten Regel in eklatanter Weise verletzt würde. Daß sich nicht präzise sagen läßt, wann das Prinzip „eklatant" verletzt wird bzw. die Folgen einer Durchbrechung der betreffenden Regel „unverhältnismäßig" besser sind, spricht dann nicht gegen dieses Kriterium, wenn jede alternative Theorie ihre größere Präzision mit teilweise untragbaren Ergebnissen erkauft.

Drittens muß der Regelutilitarist damit rechnen, daß Fälle auftreten, in denen zwei oder mehr seiner Regeln zutreffen und zu unvereinbaren Lösungen führen. So könnte ein regelutilitaristisches System neben der Regel, seine Versprechen nicht zu brechen, u. a. etwa die Regel enthalten, einen angerichteten Schaden wiedergutzumachen. Und in unserem Versprechensbeispiel könnten etwa derartige Umstände vorliegen, daß A diese Regel nur befolgen kann, indem er seine Schachverabredung bricht. Wie soll der Regelutilitarist einen solchen Konfliktsfall zweier Regeln entscheiden?

Zum einen könnte er Regeln zweiter Ordnung aufstellen, welche eine Rangordnung unter den Primärregeln festlegen. Solche Regeln müßte er, dem Ansatz seiner Theorie folgend, wiederum aus dem Prinzip der Nützlichkeit ableiten. D. h. er müßte fragen, ob bei einem Konflikt zwischen Regel a und Regel b die Befolgung der einen oder der anderen im allgemeinen bessere Folgen hat. So verdient etwa die Regel, nicht zu töten, Priorität vor der Regel, nicht zu lügen. Diese Lösung ist aber dann nicht durchführbar, wenn sich im Vergleich zweier Regeln die Frage nach der größeren Utilität nicht beantworten läßt. Es erscheint etwa kaum möglich, im Falle der Regeln, ein Versprechen nicht zu brechen und einen angerichteten Schaden wiedergutzumachen, *generell* zu bestimmen, die Befolgung welcher von beiden im Konfliktsfall die besseren Folgen hat. Die einzig plausible Lösung ist hier, den Konflikt im jeweiligen Fall durch eine direkte Anwendung des utilitaristischen Prinzips zu entscheiden. Danach treten im Falle eines Konflikts zwischen prinzipiell gleichwertigen Regeln diese zugunsten jenes Prinzips, aus dem sie sich herleiten, zurück.

Auch der Regelutilitarist kann nach alledem nicht immer auf eine unmittelbare Heranziehung des utilitaristischen Prinzips zur Lösung einzelner Fälle verzichten. Insofern verläuft die Grenze zwischen Regel- und Handlungsutilitarismus nicht so scharf, wie es zunächst den Anschein hat. Aber auch umgekehrt dringt der Regelutilitarismus in den Bereich des handlungsutilitaristischen Prinzips ein. Denn die Ablehnung ethischer Regeln durch den Handlungsutilitarismus unterliegt Einschränkungen. So fordert der Handlungsutilitarismus gewöhnlich nicht, daß man vor jeder ethischen Handlung die positiven und negativen Folgen kalkuliert, ohne irgendwelchen Regeln die geringste Funktion bei seiner Entscheidung einzuräumen. Er empfiehlt vielmehr, im Normalfall ohne weiteres die bewährten ethischen Regeln, wie etwa Versprechen zu halten und nicht zu lügen, zu befolgen. Aber seine Rechtfertigung dieser Empfehlung ist eine rein pragmatische: Gewöhnlich haben wir in einem konkreten Fall weder die Zeit noch die Mittel, die Folgen verschiedener Handlungsalternativen im einzelnen zu berechnen; und selbst wenn uns die Berechnung möglich ist, so würde häufig die größere Utilität der zu wählenden Alternative den zur Berechnung erforderlichen Aufwand an Zeit und Mitteln nicht aufwiegen. Aus diesem Grunde ist es zweckmäßig, ethische „Faustregeln" zu haben und im allgemeinen auch zu befolgen. Allerdings verlieren die so konzipierten Regeln für den Handlungsutilitaristen immer dann ihre Funktion, wenn ohne weiteres feststeht, daß ein Verstoß gegen sie die (wenn auch nur geringfügig) besseren Folgen hätte. Auch dann noch eine Befolgung dieser Regeln zu fordern, wie der Regelutilitarist es tut, erscheint dem Handlungsutilitaristen als irrationaler „Regelfetischismus".[14] Eine interessante Version des Handlungsutilitarismus fügt hinzu, daß wir jedoch de facto wegen der Komplexität von Handlungskonsequenzen *nie* hinreichend sicher sein können, einen Fall vor uns zu haben, in dem ein Regelverstoß die besseren Folgen hat. Sie folgert daraus, daß wir nie *gerechtfertigt* sind, die Regeln zu brechen, obschon anzunehmen ist, daß wir auf diese Weise hin und wieder etwas objektiv Falsches tun werden.[15]

[14] Zur Rolle von Regeln in einem handlungsutilitaristischen System siehe vor allem J. J. C. Smart, An Outline of a System of Utilitarian Ethics, S. 29 ff.

[15] Zu dieser Auffassung G. E. Moores (Principia Ethica, Abschnitt 88 ff.) siehe die luziden Erläuterungen von J. O. Urmson, Moore's Utilitarianism, in: G. E. Moore. Essays in Retrospect, S. 343 ff. Eine nähere Analyse müßte diese Auffassung insbesondere zu der oben (S. 18 f.) erwähnten Unterscheidung zwischen einer

c. Zwei Formen des Regelutilitarismus

Wir haben die Schwächen eines konsequenten Handlungsutilitarismus an drei Beispielen[16] intuitiv kennengelernt. Zwischen diesen Beispielen (d. h. zwischen den Beispielen a und b auf der einen sowie Beispiel c auf der anderen Seite) besteht nun ein wichtiger logischer Unterschied; und entsprechend diesem Unterschied lassen sie zwei logisch verschiedene Formen des Regelutilitarismus als Alternative zum Handlungsutilitarismus plausibel erscheinen. Dieser Unterschied soll im folgenden näher bestimmt werden.

Im Versprechensbeispiel argumentiert der Regelutilitarist, daß das Brechen von Versprechen in der Regel (im allgemeinen, gewöhnlich) schlechte Folgen hat, d. h. jedenfalls weniger gute Folgen als das Halten von Versprechen. Mit anderen Worten, es besteht die *Wahrscheinlichkeit für jede einzelne Handlung* eines Versprechensbruchs, daß sie von schlechten Folgen begleitet ist. Entsprechendes gilt für das Lügenbeispiel. Anders verhält es sich jedoch im Schwimmbadbeispiel. Hier hat die durchschnittliche Handlung des übermäßigen Wasserverbrauchs, für sich betrachtet, keineswegs schlechte Folgen. Denn wir hatten ja vorausgesetzt, daß die Wasserknappheit in einer Großstadt stattfindet, in der die Wassermenge eines einzigen Schwimmbades praktisch nicht ins Gewicht fällt. Schlechte Folgen treten hier erst dann auf, wenn die meisten (oder doch relativ viele) Schwimmbadbesitzer *gleichzeitig* (oder doch in jenem begrenzten Zeitraum, während dessen die Wasser-

objektiven und einer subjektiven Verwendung von Verpflichtungsurteilen in Beziehung setzen.

[16] Siehe oben S. 21 f.

knappheit andauert) ihre Bäder füllen. Es sind erst die kumulativen Folgen einer Serie von einzelnen Handlungen, die als unerwünscht charakterisiert werden können. Jede einzelne Handlung für sich betrachtet, d. h. isoliert von weiteren Handlungen ähnlicher Art, ist dagegen in aller Regel harmlos.

Entsprechend dem Unterschied zwischen diesen beiden Fällen, unterscheidet sich auch das zu ihrer Lösung herangezogene regelutilitaristische Kriterium. Zur Lösung des ersten Falles muß es so formuliert sein, daß es solche Handlungen für falsch erklärt, deren *Ausführung regelmäßig* schlechte Folgen hat. Zur Lösung des zweiten Falles dagegen muß aus ihm hervorgehen, daß solche Handlungen falsch sind, deren *regelmäßige Ausführung* schlechte Folgen hat. Das Resultat dieser beiden Formulierungen sind zwei fundamental verschiedene Formen eines Regelutilitarismus. Sie auseinanderzuhalten, muß die erste Voraussetzung sein für jede abwägende Diskussion der Stärken und Schwächen von Handlungs- und Regelutilitarismus. Die Unterscheidung[17] wird erschwert dadurch, daß die üblichen alltagssprachlichen Wendungen regelutilitaristischer Argumente häufig beide Deutungen zulassen. Das ist etwa der Fall, wenn wir sagen, „es wäre schlimm, wenn man sich dieses Verhalten zur Regel machte“ oder „als Regel ist dieses Verhalten aber nicht tragbar“. Diese Formulierungen lassen offen, ob es sich bei dem kritisierten Verhalten um ein solches handelt, das im gegebenen Fall wegen *ausnahmsweiser Umstände* keine überwiegend schlechten Folgen hat (der Versprechensbruch ist nötig, um einem anderen

[17] Sie fehlt noch völlig bei J. S. Mill (Utilitarianism, Kapitel II, S. 22 ff.), aber auch bei zahlreichen Autoren der Gegenwart (siehe etwa Fußnote 19).

einen wichtigen Dienst zu erweisen), oder ob ein Verhalten vorliegt, das nur deswegen de facto keine schlechten Folgen hat, weil es (relativ) *isoliert* bleibt (A's übermäßiger Wasserverbrauch findet keine Nachahmung).
In beiden Fällen dient der Regelhinweis dazu, eine handlungsutilitaristische Argumentation zurückzuweisen, die allein auf die tatsächlichen Konsequenzen des jeweiligen konkreten Falles Bezug nimmt. Der Unterschied liegt darin, daß in beiden Fällen verschiedene Umstände für das Ausbleiben schlechter Konsequenzen verantwortlich sind und vom Regelutilitaristen für ethisch irrelevant erklärt werden: einmal ungewöhnliche Begleiterscheinungen der Handlung, das andere Mal das abweichende Verhalten anderer Personen.
Zwei weitere Beispiele mögen den Unterschied weiter veranschaulichen.
Beispiel d: A hat sich von B ein Buch geliehen, was B aber schon vergessen hat, da ihm an dem Buch wenig gelegen ist. C sieht das Buch bei A und sagt ihm, daß er schon lange ein antiquarisches Exemplar dieses Buches suche. Hat A sittlich das Recht, sich gegenüber C als Eigentümer des Buches auszugeben und es ihm zu schenken?
Der Handlungsutilitarist müßte die Frage bejahen, da B das Buch nicht vermissen wird und C große Freude daran haben wird. Der Regelutilitarist dagegen könnte argumentieren, daß es im Normalfall überwiegend schlechte Folgen hat, geliehene Sachen nicht zurückzugeben. Denn selbst wenn der Entleiher an der Sache kein besonderes Interesse hat, so wird er in der Regel in seiner Erwartung, sie zurückzubekommen, frustiert werden, und seine Bereitschaft, in Zukunft Sachen zu verleihen, wird abnehmen. Diese negativen Folgen werden

gewöhnlich das Interesse, das ein anderer als der Entleiher an der Sache hat, deutlich überwiegen. Die *Regel*, geliehene Sachen zurückzugeben, läßt sich somit utilitaristisch rechtfertigen.

Beispiel e: A hinterzieht dem Staat den größeren Teil der von ihm geschuldeten Steuern und macht von dem Geld lohnende Anschaffungen für seine Familie.

Auch hier läßt sich A's Handlung vom handlungsutilitaristischen Standpunkt aus nicht verurteilen. Denn die von ihm hinterzogenen Steuergelder fallen in dem gewaltigen Staatshaushalt praktisch nicht ins Gewicht. Andererseits sind die Freude und die Befriedigung, die er seiner Familie mit dem Geld verschafft, erheblich. Der Regelutilitarist dagegen könnte auf die verheerenden Folgen eines weitgehend funktionsunfähigen Staates hinweisen, die eintreten würden, wenn jeder im Staat wie A seine Steuerpflicht vernachlässigte.

Beide Beispiele machen den Unterschied zwischen den zwei zur Debatte stehenden regelutilitaristischen Kriterien deutlich: Im Fall d kommt es darauf an, daß die betreffende Handlung zu einer Klasse von Handlungen gehört, die in der Regel schlechte Folgen haben. Im Fall e dagegen wird darauf abgestellt, daß die betreffende Handlung derartig ist, daß ihre allgemeine Praktizierung in einem engen räumlichen und zeitlichen Zusammenhang schlechte Folgen hat. In beiden Fällen handelt es sich bei der regelutilitaristischen Argumentation um eine Art der Verallgemeinerung. Im ersten Fall fragt man verallgemeinernd, ob die jeweiligen Folgen ähnlicher Einzelhandlungen schlecht sind; im zweiten Fall fragt man verallgemeinernd, ob die gesamten Folgen einer allgemeinen Praxis der betreffenden Handlung schlecht sind. Insofern kann es irreführen, wenn man nur gegenüber dem zweiten Kriterium von „Verallgemeinerung“ spricht[18] und das erste Kriterium, wie es häufig geschieht, ohne ihm einen besonderen Namen zu geben, mit *dem* Regelutilitarismus gleichsetzt.[19] In Wahrheit sind beide Prinzipien verschiedene Formen eines (verallgemeinernden) Regelutilitarismus. Wir bezeichnen sie daher als „Regelutilitarismus$_1$“ (= RU_1: Eine Handlung, die im allgemeinen schlechte Folgen hat, sollte nicht ausgeführt werden) und „Regelutilitarismus$_2$“ (= RU_2: Eine Handlung, deren allgemeine Ausführung schlechte Folgen hat, sollte nicht ausgeführt werden). Neben diesen Ausdrücken werden wir jedoch, nachdem wir uns Wesen und Tragweite des Unterschiedes klargemacht und uns damit vor Konfusion geschützt haben, an dem eingebürgerten Terminus „Prinzip der Verallgemeinerung“ (im Sinne von „Regelutilitarismus$_2$“) festhalten.

Besteht zwischen den beiden Formen des Regelutilitarismus irgendeine logische Beziehung? Läßt sich insbesondere sagen, daß immer, wenn das Kriterium des Regelutilitarismus$_1$ erfüllt ist, auch das des Regelutilitarismus$_2$ vorliegt oder umgekehrt?

Man sollte vorweg nicht übersehen, daß eine logische Implikation zwischen den beiden *Kriterien*, d. h. den Antezedenssätzen der beiden Prinzipien, jeweils zu einer *umgekehrten* logischen Implikation zwischen den entsprechenden *Prinzipien* selbst führt: K_1 besage, daß das Verallgemeinerungskriterium von RU_1 vorliegt (d. h., daß eine Handlung im allgemeinen schlechte Fol-

[18] So vor allem M. G. Singer in seiner allein diesem Kriterium gewidmeten Monographie „Generalization in Ethics“.

[19] Vgl. etwa H. J. McCloskey, Meta-Ethics and Normative Ethics, S. 186 ff.

gen hat); K_2 besage, daß das Verallgemeinerungskriterium von RU_2 vorliegt (d. h., daß eine Handlung, sofern allgemein praktiziert, schlechte Folgen hat); V besage von der von K_1 bzw. K_2 erfaßten Handlung, daß sie verboten ist; „$\rightarrow$" sei das Zeichen für eine Implikation. Dann lassen sich unsere beiden regelutilitaristischen Prinzipien wie folgt darstellen:

$$RU_1: K_1 \rightarrow V$$
$$RU_2: K_2 \rightarrow V$$

Sollte es nun der Fall sein, daß eine Handlung, die dem Kriterium K_1 genügt, notwendig auch das Kriterium K_2 erfüllt, so würde außerdem Satz S gelten.

$$S: K_1 \rightarrow K_2$$

Dann läßt sich aber, nach der Regel vom hypothetischen Syllogismus ($S_1 \rightarrow S_2$, $S_2 \rightarrow S_3$; also $S_1 \rightarrow S_3$), aus S und RU_2 RU_1 ableiten. Mit anderen Worten, wenn S gilt, also K_1 K_2 impliziert, impliziert nicht etwa auch RU_1 RU_2, sondern gerade umgekehrt RU_2 RU_1. Entsprechendes gilt für den Fall, daß K_2 K_1 impliziert; hier ist die Folge, daß RU_1 RU_2 impliziert. Nach alledem würde bei einer positiven Implikationsbeziehung zwischen den beiden regelutilitaristischen Kriterien gerade jenes der beiden regelutilitaristischen Prinzipien in einer ethischen Theorie überflüssig (weil von dem anderen Prinzip impliziert), dessen Bedingung ihrerseits die Bedingung dieses anderen Prinzips impliziert.[20]
Trifft es also zu, daß K_1 K_2 oder aber K_2 K_1 (logisch)

[20] Vgl. etwa: „Mord ist verboten; Totschlag ist verboten; jeder Mord ist (auch) ein Totschlag." Unter diesen Sätzen ist „Mord ist verboten" logisch überflüssig; denn es gilt „Wenn Totschlag verboten ist, ist (auch) Mord verboten".

impliziert? (Es genügt jeweils ein Gegenbeispiel, um die Vermutung einer solchen Implikation zu entkräften.)
Beginnen wir mit dem zweiten Teil der Frage: Ist eine Handlung, die, allgemein praktiziert, schlechte Folgen hat, notwendig auch als Einzelhandlung im allgemeinen von schlechten Folgen begleitet? Es ist leicht zu sehen, daß dieses nicht der Fall ist. So bleibt in unserem Beispiel e nicht nur die Steuerhinterziehung des A ohne schlechte Folgen; folgenlos (für die Funktionsfähigkeit des Staates) bleiben ebenso die entsprechenden Handlungen jedes durchschnittlichen anderen Bürgers. Dieses gilt jedenfalls, sofern jede dieser Handlungen für sich bleibt, d. h. nicht mit anderen Handlungen derselben Art in einem Zusammenhang steht, der die gefürchteten Konsequenzen eintreten läßt. Daß die betreffende Handlung in einem derartigen Zusammenhang mit ähnlichen Handlungen steht, wird aber von RU_1 (im Gegensatz zu RU_2) ja gerade *nicht* vorausgesetzt. RU_1 erfordert vielmehr, daß Handlungen der betreffenden Klasse gewöhnlich schlechte Folgen haben, daß also die konkrete als falsch zu erweisende Handlung lediglich deshalb *keine* schlechten Folgen hat, weil sie von außergewöhnlichen Umständen begleitet ist. Und diese Bedingung mag zwar in manchen Fällen zutreffen, in denen auch eine allgemeine Praxis der betreffenden Handlung schlechte Folgen hat, sie muß aber nicht in allen solchen Fällen zutreffen, wie unser Steuerbeispiel schlagend zeigt.
Läßt sich andererseits sagen, daß K_1 K_2 impliziert? D. h., hat eine Handlung, die als Einzelhandlung im allgemeinen von schlechten Folgen begleitet ist, auch, sofern allgemein praktiziert, schlechte Folgen? Man könnte zunächst dazu neigen, diese Frage zu bejahen.

Haben nicht Handlungen wie der Bruch von Versprechen (Beispiel a), die Lüge (Beispiel b), das Behalten geliehener Sachen (Beispiel d) oder (um ein weiteres Beispiel für Handlungen zu bilden, die *regelmäßig* von schlechten Folgen begleitet sind) das Töten *erst recht* schlechte Folgen, wenn sie *zur Regel* würden? Die Antwort dürfte bei den genannten wie vielen weiteren Beispielen bejahend ausfallen. Trotzdem lassen sich mit einiger Phantasie Fälle konstruieren, in denen die fragliche Implikation offensichtlich *nicht* besteht.
Nehmen wir an, in einem Staat unterhält ein machtvoller Diktator eine grausame Schreckensherrschaft. Ihn zu stürzen und das System zu ändern, wäre eine Wohltat für die ganze Nation. Die einzigen, die zu einer Beseitigung des Diktators wie der Diktatur in der Lage sind, sind die höchsten Militärs. Allerdings können diese das genannte Ziel nur erreichen, wenn sie *gemeinsam* gegen den Tyrannen vorgehen. Wenn jeder beliebige von ihnen dagegen *einzeln* rebelliert, so wird dieses Ziel nicht nur verfehlt; der betreffende verliert auch sein Leben, und der Tyrann verschärft allgemein seinen Terror. In dieser Situation hat jeder einzelne Akt der Rebellion, für sich betrachtet, eindeutig schlechte Folgen. Rebellieren dagegen alle Betreffenden zusammen, so sind die kumulativen Folgen gut. Es ist demnach grundsätzlich möglich, daß eine Handlung, deren Regelfall schlechte Folgen hat, in einem bestimmten räumlichen und zeitlichen Zusammenhang von allen praktiziert, gute Folgen hat.
Nach alledem besteht zwischen K_1 und K_2 – und damit auch zwischen RU_1 und RU_2 – weder in der einen noch in der anderen Richtung irgendeine logische Beziehung. Es ist zwar möglich, daß eine Handlung von beiden

Kriterien erfaßt und damit von beiden Prinzipien verboten wird (wie man etwa am Beispiel des Versprechensbruchs sehen kann). Von keiner der beiden Formen des Regelutilitarismus aber gilt, daß sie die andere umfaßt und insofern als selbständiges ethisches Prinzip überflüssig macht. Dieses ist auch der Grund dafür, daß eine kritische Auseinandersetzung nicht beide Prinzipien im Zusammenhang behandeln kann, sondern jedes von ihnen gesondert vornehmen muß. Im folgenden werde ich mich auf eine ausführliche Diskussion des Prinzips der Verallgemeinerung (RU_2) beschränken. Es wirft in mancherlei Hinsicht die interessanteren Fragen auf. Auf die wichtigsten Probleme, die sich im Zusammenhang mit RU_1 ergeben, sei aber an dieser Stelle immerhin kurz hingewiesen.

Nach genau welchem Verfahren lassen sich jene Regeln ermitteln, deren Beachtung der Verfechter von RU_1 für obligatorisch erklärt? Unterschiedliche Antworten auf diese Frage sind denkbar und auch tatsächlich vertreten worden. Oben hatten wir das Kriterium von RU_1 darin erblickt, daß eine gewisse Handlung zu einer Klasse von Handlungen gehört, von denen die meisten schlechte Folgen haben. Wenn das Prinzip RU_1 solche Handlungen durch Erzeugung einer entsprechenden Regel (wie „es ist falsch zu lügen") verbietet, so setzt es damit voraus, daß die allgemeine Befolgung dieser Regel bessere Konsequenzen hat als ihre allgemeine Mißachtung.[21] (Mit dieser Formulierung sind wir nicht etwa

[21] Die beiden Formulierungen des Kriteriums von RU_1 („die meisten Handlungen der Klasse x haben schlechte Folgen" und „die Befolgung einer Handlungen der Klasse x verbietenden Regel hat bessere Konsequenzen als ihre Nichtbefolgung") sind, streng genommen, nicht äquivalent. Denn es wäre denkbar (wenngleich unwahrscheinlich), daß bei den wenigen Handlungen der Klasse x

auf das Kriterium von RU_2 übergeschwenkt; denn gemeint ist die Summe der Konsequenzen je einzelner, in keinem Zusammenhang stehender Handlungen.) Es ist aber prima facie nicht einzusehen, warum der Regelutilitarist bei *diesem* Kriterium, nach dem lediglich das Schlimmste vermieden wird, stehenbleiben soll. Sollte er nicht vielmehr die fragliche Klasse von Handlungen enger fassen, so daß sie eine geringere Anzahl konkreter Handlungen einschließt, die de facto schlechte Folgen haben; d. h. sollte er nicht seine Regeln so formulieren, daß die negativen Konsequenzen ihrer Befolgung – in den (ungewöhnlichen) Fällen mit negativer Utilität – möglichst vollständig vermieden werden? Nehmen wir z. B. an, ein Utilitarist stellt die Regel auf, Ehepaare mit unversorgten Kindern sollten sich nicht scheiden lassen. Liegt es dann nicht nahe, daß er, nachdem er die Wirkung der Regel eine Zeitlang beobachtet hat, sie etwa dahingehend modifiziert, Ehepaare mit unversorgten Kindern sollten sich nicht scheiden lassen, es sei denn, sie streiten sich täglich in Anwesenheit der Kinder? (Denn die Befolgung dieser Regel verspricht größeren Nutzen als die Befolgung der erstgenannten Regel!)

An welchem Punkt aber soll der Regelutilitarist die Modifizierung seiner Regeln abbrechen? Muß er nicht bestrebt sein, sie immer weiter zu präzisieren mit dem

mit guten Folgen diese guten Folgen so groß sind, daß ihre Summe die Summe der schlechten Folgen aller übrigen Handlungen der Klasse x überwiegt. In diesem Fall wäre das Kriterium in seiner ersten Formulierung erfüllt, nicht jedoch in seiner zweiten Formulierung. In einem solchen Konflikt dürfte die zweite Formulierung von den meisten Regelutilitaristen vorgezogen werden. Ich habe bis zu diesem Punkt die erste vorgezogen, weil sie den Kontrast zum Prinzip der Verallgemeinerung durchsichtiger macht.

Ziel, alle „Ausnahmefälle“, in denen ihre Befolgung sich negativ auswirkt, von vornherein aus ihrem Umfangsbereich auszuscheiden und eben dadurch positive Konsequenzen ihrer Befolgung für *alle* Anwendungsfälle zu sichern? Kommt es etwa im Beispiel unserer Ehescheidungsregel nicht vielleicht auch auf die psychische Verfassung der Kinder an, auf die Erfolgschance jedes Ehepartners, sein Leben „neu zu beginnen“, sowie auf viele andere relevante Umstände, von deren Berücksichtigung es abhängt, ob die fragliche Regel optimal ausfällt? Muß nach alledem nicht ein Regelutilitarismus, will er die Verwendung seines Kriteriums nicht an einem beliebigen Punkt abbrechen, tatsächlich *alle* folgenrelevanten Umstände, sobald sie, vielleicht aus Anlaß eines konkreten Falles, sichtbar werden, in seine Regeln einbauen? Und geht damit seine Position nicht notwendig in die des Handlungsutilitarismus über, der ja ebenfalls *alle* folgenrelevanten Umstände berücksichtigt wissen will?[22]

Den Ausweg aus diesem Dilemma haben einige Regelutilitaristen[23] darin gesehen, bei der Bildung optimaler Regeln nicht auf die Utilität ihrer *Befolgung*, sondern auf die Utilität ihrer *Annahme* durch die Gesellschaft abzustellen. Während das Kriterium der Befolgungsutilität, wie wir sahen, letzten Endes zu einer enormen Vielzahl – ständig neuer Präzisierung bedürftiger – Regeln führen muß, deren Formulierung sich von einer direkten Anwendung des (handlungs)utilitaristischen Kriteriums nicht mehr unterscheidet, gilt für das Kri-

[22] Ähnlich etwa R. M. Hare, Freedom and Reason, S. 130 ff.

[23] Siehe vor allem R. B. Brandt, Toward a Credible Form of Utilitarianism, in: Morality and the Language of Conduct, S. 107 ff.

terium der Annahmeutilität etwas anderes. Denn dieses berücksichtigt, daß bei der Befolgung akzeptierter Regeln häufig Fehler unterlaufen. Es fordert daher, die Zahl und Komplexität der empfohlenen Regeln so gering zu halten, daß ihre Annahme, d. h. der ernsthafte *Versuch* ihrer Befolgung, optimale Folgen hat. Es versteht sich, daß diese Form des Regelutilitarismus bei der Anwendung ihres Kriteriums u. a. auf tatsächliche Umstände der jeweiligen Gesellschaft (wie die Intelligenz und Aufgeklärtheit ihrer Mitglieder) abstellen muß. Ob in diesem Zusammenhang auch de facto in der betreffenden Gesellschaft schon akzeptierte Regeln in Betracht zu ziehen sind (insoweit die moralischen Regeln einer Gesellschaft in ihrer Utilität ein zusammenhängendes Netz bilden) ist ein weiteres Problem.

Fraglich erscheint auch, ob diese spezielle regelutilitaristische Konzeption die Rolle der Moral nicht in allzu enger Analogie zur Rolle des Rechts begreift. Eine eingehende Auseinandersetzung mit dieser und ähnlichen Fragen würde eine eigene Abhandlung erfordern.[24]

[24] Eine gute Einführung in die verschiedenen Probleme des Regelutilitarismus$_1$ findet sich bei D. H. Hodgson, Consequences of Utilitarianism, S. 26 ff.

II. Kapitel

Das regelutilitaristische Prinzip der Verallgemeinerung und seine Begründung

Das Prinzip der Verallgemeinerung (RU_2) besagt, wie wir sahen, daß eine Handlung dann nicht ausgeführt werden sollte, wenn ihre Ausführung durch alle – infolge eines engen Zusammenhanges zwischen den einzelnen Handlungen – schlechte Folgen hätte. Dieses Prinzip ist keine Konstruktion des Ethikers; es taucht nicht selten bei unseren alltäglichen moralischen Überlegungen und Diskussionen auf. Immer wieder können wir im Alltag Sätze hören wie „was würde wohl passieren, wenn sich alle so benähmen" oder „stellen Sie sich doch einmal die Folgen vor, wenn jeder so handeln würde".

Diese Hinweise sind als ethische Argumente offensichtlich unvollständig. Es bereitet jedoch keine Schwierigkeiten, sie im Sinne des Gemeinten etwa wie folgt zu ergänzen: „Wenn alle so handelten wie du, so wären die Folgen schlecht" (oder „unerfreulich", „schrecklich", „katastrophal": je nach Art und Schwere des Falles); „daher solltest du nicht so handeln". Dieser Argumentation aber liegt eindeutig unser Prinzip der Verallgemeinerung zugrunde. Insbesondere in sittlichen Unterweisungen und Ermahnungen (etwa durch Eltern, Lehrer, Richter, Staatsmänner) ist es, in der einen oder anderen Formulierung, immer wieder anzutreffen. Gelegentlich kommt es vor, daß ein so Angesprochener antwortet „aber es benehmen sich ja nicht alle so" oder „aber es ist nun einmal nicht der Fall, daß jeder so handelt". Damit bringt er offenbar zum Ausdruck, daß er das Kriterium von RU_2 für ethisch irrelevant hält und stattdessen mit dem Handlungsutilitaristen lediglich auf die tatsächlichen Folgen der betreffenden einzelnen Handlung abstellen will. Es scheint demnach, das Prinzip der Verallgemeinerung ist nicht nur in der ethischen Theorie von Philosophen, sondern auch in der ethischen Praxis von Nichtphilosophen umstritten. Dadurch dürften seine Analyse und Kritik an Interesse gewinnen. Wir wollen uns Stellenwert und Ausmaß seiner Heranziehung in ethischen Alltagssituationen noch an den folgenden Beispielen vor Augen führen.[25]

Beispiel f: A hat keine Lust, bei den gerade stattfindenden Bundestagswahlen seine Stimme abzugeben. Zwar hat er die Zeit und die Gesundheit, um das nahe Wahllokal aufzusuchen, aber er zieht es vor, stattdessen gemütlich in der Sonne zu sitzen. Er weiß wohl, welcher Partei er seine Stimme geben würde; doch er sagt sich mit einem Blick auf die Statistik der bisherigen Wahlen, daß seine eine Stimme bei der Verteilung der Abgeordnetensitze ohnehin völlig ohne Gewicht bliebe. B, der A wegen seines Versäumnisses zur Rede stellt, gibt zwar zu, daß dessen positive wie negative Folgen mit an Sicherheit grenzender Wahrscheinlichkeit gleich null sind, meint aber, dieses sei nicht der entscheidende Gesichtspunkt. „Stell dir vor", sagt er, „alle würden sich aus Bequemlichkeit erlauben, was du dir herausnimmst, und der Wahl fernbleiben. Unsere Demokratie würde funktionsunfähig werden. Illegale politische Machtkämpfe würden einsetzen, und die Folgen könnten

[25] Vgl. schon oben Beispiel c (S. 21 f.) und Beispiel e (S. 32).

leicht katastrophaler Natur sein." A gibt daraufhin zu, daß eine allgemeine Wahlabstinenz zu höchst unerwünschten Folgen führen würde. Dieser hypothetische Fall sei jedoch für seine Entscheidung, nicht zur Wahl zu gehen, ohne jede Bedeutung; denn nach bisherigen Wahlerfahrungen sei es so gut wie ausgeschlossen, daß er eintrete. Aber selbst wenn er eintrete und niemand oder nahezu niemand sein Wahlrecht ausübe, so werde unter diesen Umständen seine Stimmabgabe die Demokratie auch nicht retten können. Im einen Fall könne demnach seine Beteiligung nicht nützen, im anderen aber sein Fernbleiben nicht schaden.

Beispiel g: Professor A hat bis spät in die Nacht in seinem Büro gearbeitet. Auf seinem Heimweg durch das Universitätsgelände liegt eine große, sehr gepflegte Rasenfläche, die er gewöhnlich, dem Wege folgend, umgeht. Heute jedoch kommt A der Gedanke, die vor ihm liegende Rasenfläche zu überqueren und so die Dauer seines Weges um einige Minuten abzukürzen. Das Gras würde sich schnell von seinen Schritten erholen und sicher keinen bleibenden Schaden nehmen. Anders wäre es allerdings, wenn jeder Benutzer des Universitätsgeländes aus Bequemlichkeit diese Abkürzung wählte. Dann würde das Gras an der betreffenden Stelle verkümmern, und die Anlage würde ihres vorbildlichen, das Auge erfreuenden Aussehens beraubt sein. Doch mit dieser Möglichkeit ist nach den bisherigen Erfahrungen mit den Benutzern des Geländes nicht zu rechnen. Insbesondere braucht A zu dieser Tageszeit nicht zu befürchten, bei seinem unkorrekten Verhalten von vielen beobachtet zu werden und, als Folge davon, als beispielgebende Autoritätsperson vielleicht eine für den Rasen schädliche Lawine von „Übertretungen" auszu-

lösen. Soll er sich nach alledem durch die Betrachtung der unerwünschten Folgen eines nur hypothetischen Falles für verpflichtet halten, ein Opfer an Bequemlichkeit zu bringen?

Beispiel h: A entzieht sich in einer Situation nationaler Verteidigung durch betrügerische Manipulationen der Wehrpflicht.

Beispiel i: A benutzt die Straßenbahn, ohne eine Fahrkarte zu lösen.

Beispiel k: In einer langen Menschenschlange gelingt es A, sich unbemerkt weiter nach vorn zu mogeln. (Es wird vorausgesetzt, daß es sich um eine Schlange handelt, in der entweder alle Anwesenden das Ziel ihres Wartens erreichen, oder aber in der diejenigen, die es nicht erreichen, sich entweder alle hinter A's ursprünglichem oder aber [zum Teil auch] vor seinem später eingenommenen Standort befinden. Denn sonst würde A's Vorgehen einem anderen das Ziel des Wartens vereiteln und schon insofern Mißbilligung verdienen.)

Beispiel l: A ist Mitglied eines Diskussionsklubs, dessen Treffen jeweils mit dem Vortrag eines Mitgliedes beginnen. A nimmt zwar mit Interesse und Profit an den Diskussionen teil, weiß es aber mit Hilfe von Entschuldigungen zu verhindern, selbst einen Vortrag halten zu müssen.

Wir wollen, wie zum Teil in der Fallbeschreibung schon ausgeführt, immer voraussetzen, daß es dem Täter möglich ist, die vielleicht an sein Handeln geknüpften Sanktionen der Gesellschaft zu vermeiden, daß er also keinen Grund hat, schon aus wohlverstandenem Selbstinteresse von seiner Handlung Abstand zu nehmen. Die Frage nach einem *sittlichen* Grund gewinnt damit eine praktisch entscheidende Bedeutung.

In allen angeführten Fällen wird durch die betreffende Einzelhandlung gar kein oder doch nur ein minimaler Schaden angerichtet. So bleiben in den Fällen f, g und h die Ziele der erstrebenswerten allgemeinen Praxis (Repräsentanz des Volkes in der Staatsführung entsprechend seinem Willen, Schönheit der Rasenfläche bzw. Verteidigung des Vaterlandes) durch eine einzelne Abweichung von dieser Praxis völlig unberührt. In den übrigen Fällen dagegen läßt sich eine gewisse numerische Einbuße an Wasser (Fall c), Geld (Fälle e und i), Zeit (Fall k) bzw. Energie (Fall l: Die übrigen Klubmitglieder kommen häufiger an die Reihe) nicht leugnen.

Allerdings wäre es verfehlt, dem Unterschied zwischen diesen beiden Fallgruppen eine prinzipielle Bedeutung beizumessen. Er hängt nämlich weitgehend davon ab, an welchem Punkt der Folgeerscheinungen man das, was ich als Ziel der allgemeinen Praxis bezeichnete, ansetzt, ob man es in dieser Praxis selbst, ihren unmittelbaren oder ihren mehr mittelbaren Folgen sieht. (So wird man in Fall h eine geringfügige Einbuße bejahen, wenn man das Ziel in der potentiellen Wehrkraft sieht. Man wird eine Einbuße dagegen verneinen, wenn man auf die tatsächlich im Kriegsfall entfaltete Wehrkraft, die ja, wenn der Rest der Mannschaft nicht gerade bis zur Erschöpfung beansprucht ist, vom Fehlen *eines* Mannes unabhängig ist, abstellt oder gar auf den Gewinn des Krieges.) Wichtig ist allein, daß die genannten Einbußen jedenfalls so geringfügig sind, daß es absurd erscheint, sie als solche bei der moralischen Bewertung der betreffenden Handlung in Betracht zu ziehen. Zweifel könnte man in dieser Hinsicht allenfalls gegenüber Fall l haben. Diese Zweifel verschwinden jedoch, wenn man von einer relativ großen Teilnehmerzahl des Klubs ausgeht. Daß man schwerlich den genauen Punkt angeben kann, an dem der durch eine einzelne Abweichung von der allgemeinen Praxis ausgelöste Schaden als solcher ethische Relevanz gewinnt, läßt die eindeutig unterschiedliche Beurteilung der Extrembereiche nicht weniger als plausibel erscheinen. (Vgl. im Gegensatz zu dem Diskussionsklub mit 30 Mitgliedern etwa die Skatrunde, die abwechselnd bei einem der drei Beteiligten tagt, von denen einer auf die Idee kommt, sich den Gastgeberpflichten zu entziehen.)

In allen diesen und den zahlreichen ähnlichen Fällen scheint RU_2 das einzige Mittel zu sein, um die betreffende Einzelhandlung als moralisch falsch zu erweisen. Von seiner Plausibilität hängt es also ab, wie solche Fälle sittlich zu beurteilen sind. Ist es wirklich einsichtig, auf die mutmaßlichen Konsequenzen abzustellen, die eine allgemeine Praxis der zur Diskussion stehenden Handlung haben würde?

Das Typische und Problematische des Prinzips der Verallgemeinerung besteht in der Tat darin, daß es die allgemeine Praxis mit ihren unerwünschten Folgen *nicht* als eine tatsächliche Konsequenz der partikulären Handlung hinstellt. Allein die hypothetische Annahme der allgemeinen Praxis soll das Unwerturteil über die einzelne Verwirklichung ausreichend begründen. Dieser Umstand wird verdeutlicht, wenn man sich Fälle vergegenwärtigt, in denen die allgemeine Praxis samt ihren Folgen tatsächlich in einem kausalen Zusammenhang mit der einzelnen Handlung steht. Solches ist etwa immer dann der Fall, wenn jene Handlung auf andere potentielle Täter in einer Weise beispielgebend wirkt, daß ihre Nachahmung der Handlung lawinenartig zu einer allgemeinen oder doch so verbreiteten Praxis führt, daß die unerwünschten Konsequenzen tatsächlich eintreten. Nehmen wir etwa in Fall g an, Professor A wählt die Abkürzung über die Rasenfläche unmittelbar im Anschluß an seine Vorlesung und eine Anzahl seiner Studenten macht es ihm sogleich nach, um auf diese Weise schneller die Mensa zu erreichen. Entsprechende Abwandlungen lassen sich unschwer für unsere restlichen Beispiele bilden. In allen derartigen Fällen haben wir es zwar mit den unerfreulichen Folgen einer allgemeinen Praxis zu tun; trotzdem braucht das Prinzip der Verallgemeinerung nicht bemüht zu werden. Der sittliche Unwertcharakter der einzelnen Handlung ergibt sich vielmehr – gemäß einem handlungsutilitaristischen Kriterium – schon daraus, daß die unerwünschten Folgen realiter mit ihr in einer kausalen Verknüpfung stehen.

Es sei noch ausdrücklich darauf hingewiesen, daß unser Prinzip RU_2, selbst wenn es sich als stichhaltig erweisen sollte, keineswegs ausreichend ist, ohne weitere Prämissen eine Handlung als ethisch falsch zu erweisen. Denn es enthält ja mit dem Hinweis auf die schlechten Folgen einer allgemeinen Verwirklichung der betreffenden Handlung zwei Begriffe („Folgen der allgemeinen Verwirklichung" und „schlecht"), unter die ein Sachverhalt subsumiert werden muß, damit es in concreto anwendbar wird. Benötigt werden demnach zumindest zwei weitere Prämissen: eine deskriptive, welche die Folgen der allgemeinen Verwirklichung dartut, sowie eine nicht-deskriptive, welche über diese Folgen ein negatives Werturteil ausspricht. Nur insoweit Einigkeit über diese beiden Prämissen besteht, kann das Prinzip seine Funktion in der ethischen Auseinandersetzung und

Belehrung erfüllen. Es ist sinnlos, es jemandem entgegenzuhalten, der etwa in dem Zusammenbruch der Demokratie (Beispiel f) oder der Auflösung seines Diskussionsklubs (Beispiel l) keine Übel sieht oder aber glaubt, diese Ereignisse würden, selbst „wenn jeder so handelte", gar nicht eintreten.

An unseren Beispielen wird im übrigen deutlich, daß die einzelnen Handlungen, aus denen sich die jeweilige allgemeine Praxis zusammensetzt, vom handlungsutilitaristischen Standpunkt nach ihren individuellen Folgen beurteilt, in alle möglichen moralischen Kategorien fallen können: Sie können sittlich verboten, geboten oder neutral sein. Verboten sind sie, wenn sie als solche überwiegend schlechte Folgen haben (wie im Fall einer durchschnittlichen Lüge); geboten[26], wenn sie als solche überwiegend gute Folgen haben, d. h. wenn der einzelne das, was er durch seine Handlung spart oder gewinnt, einem Zweck zuführt, der ethisch wertvoll ist (etwa wenn im Fall e A das Geld, das er dem Finanzamt vorenthält, den Armen zukommen läßt). Als mehr oder weniger ethisch indifferent schließlich wird die Handlung in den meisten Fällen dastehen (etwa in den Fällen f, g, k, l, sofern A die eingesparte Zeit dazu benutzt, einen Spaziergang zu machen).

Daraus folgt, daß grundsätzlich zwei verschiedene Situationen möglich sind, in denen das Prinzip der Verallgemeinerung praktisch relevant wird. In der einen Situation ist die betreffende Handlung, für sich gesehen, ethisch indifferent; in der anderen dagegen steht sie in einem Zusammenhang, der sie als ethisch lobenswert erscheinen läßt. In beiden Fällen wird im Alltag das Prin-

[26] Jedenfalls in dem oben (S. 19 f.) beschriebenen schwachen Gebrauch.

zip der Verallgemeinerung herangezogen. Und mit Recht, so will es scheinen, macht man hier keinen Unterschied. Denn das Prinzip stützt ja sein Unwerturteil auf eine Betrachtung nicht der Folgen der einzelnen Handlung, sondern der hypothetischen Folgen ihrer allgemeinen Praxis. Diese Folgen aber bleiben unberührt davon, daß der einzelne Täter den Gewinn seiner Handlung einem wertvollen Zweck zuführt.

Etwas anderes würde sich allerdings dann ergeben, wenn man die positiven Konsequenzen der Einzelhandlung in die Beschreibung dieser Handlung, so wie sie der Ermittlung der Folgen ihrer allgemeinen Verwirklichung zugrunde gelegt wird, mitaufnimmt;[27] wenn man also etwa den Umstand, daß A sich im Beispiel des Diskussionsklubs der Vortragspflicht entzieht, da dieses erforderlich ist zur Abstattung eines wichtigen Krankenbesuches, verallgemeinern müßte als „wenn jeder sich zur Abstattung eines wichtigen Krankenbesuches der Vortragspflicht entzöge“. Dann müßte man die kumulativen *positiven* Konsequenzen in die Folgenbewertung der allgemeinen Praxis miteinbeziehen, und für das Verdikt von RU_2 käme es darauf an, ob die Beurteilung sämtlicher Folgen ein positives oder negatives Übergewicht ergibt. So dürfte im soeben genannten Beispiel das Abstatten wichtiger Krankenbesuche insgesamt größeren Wert haben als die Unterhaltung eines Diskussionsklubs; das Prinzip der Verallgemeinerung würde also gegenüber A's Handlung nicht eingreifen. Anders dürfte die Rechnung etwa ausfallen im Beispiel der Steuerhinterziehung: Die katastrophalen Folgen einer allgemeinen Steuerhinterziehung (Zusam-

[27] Hierzu näher unten S. 71 ff.

menbruch des Staates!) würden nicht wettgemacht durch eine allgemeine private Armenfürsorge. Selbst wenn man die positiven Konsequenzen von A's Handlung in die Beschreibung der allgemeinen Praxis miteinbezieht, verbietet das Prinzip der Verallgemeinerung also, daß A keine Steuern zahlt und das eingesparte Geld den Armen gibt.
Zu unterscheiden von den Fällen, in denen die positiven Folgen der Einzelhandlung bei ihrer Verallgemeinerung entscheidend ins Gewicht fallen können, ist jener Fall, in dem die positiven Folgen der Einzelhandlung schon für sich betrachtet so bedeutend sind, daß sie bei einem Vergleich stärker erscheinen als die negativen Folgen einer allgemeinen Ausführung. Diese Voraussetzungen liegen z. B. in Fall g vor, falls A Arzt ist und den Rasen überquert, um schneller einen schwer Verunglückten zu erreichen. Hier ist es für das Ergebnis gleichgültig, ob man die positiven Folgen der betreffenden Handlung in die Verallgemeinerung mitaufnimmt. Auch in nicht verallgemeinerter Form haben sie mehr Gewicht als die negativen Folgen der Verallgemeinerungshypothese. Es wäre absurd, das Prinzip der Verallgemeinerung hier nicht jedenfalls letzten Endes zurücktreten zu lassen.

1. Ableitung aus den Prinzipien des Handlungsutilitarismus und der Gleichheit

Aufgabe einer philosophischen Ethik ist – neben der metaethischen Analyse von Bedeutung und Funktion ethischer Urteile – vor allem die Systematisierung unserer fundamentalen normativ-ethischen Überzeugungen. Das bedeutet, die Aufgabe des Philosophen auf dem Gebiet der normativen Ethik liegt weniger darin, eigene Prinzipien des richtigen Handelns vorzutragen und zu verteidigen, als vielmehr darin, jene Prinzipien, die den alltäglichen ethischen Überzeugungen und Urteilen von uns allen unausgesprochen zugrunde liegen, explizit zu machen, sie auf ihre logische Kohärenz hin zu prüfen und eventuelle Konflikte zwischen letzten Prinzipien in allen ihren Implikationen so transparent zu machen, daß eine rationale, d. h. in voller Kenntnis der Tragweite getroffene Entscheidung zwischen ihnen möglich wird. Eine philosophisch-ethische Reflexion, die so verfährt, ist nicht nur nicht dem Vorwurf eines willkürlichen Subjektivismus ausgesetzt; sie kann vielmehr gerade zeigen, daß viele ethische Meinungsverschiedenheiten des Alltags nicht in unvereinbaren ethischen „Bekenntnissen“, sondern in begrifflich unklarem Denken, logischen Fehlschlüssen und ungenügender Kenntnis empirischer Handlungsfolgen ihren Ursprung haben.

Im Sinne einer so verstandenen philosophischen Analyse normativ-ethischer Prinzipien soll nun das Prinzip der Verallgemeinerung zu verwandten ethischen Prinzipien in Bezug gesetzt werden. Dabei legt sowohl seine Komplexität wie die Tatsache, daß es offenbar kontrovers ist,[28] die Vermutung nahe, daß es aus fundamentaleren, vielleicht weniger kontroversen Prinzipien logisch ableitbar ist. Wäre dieses der Fall, so würde die Demonstration dieser Ableitung seinen Status verbessern: Auch seine bisherigen Verächter müßten es akzeptieren, es sei denn sie wären bereit, die Prämissen jener Ableitung aufzugeben.

[28] Vgl. oben S. 41 f.

Der bedeutendste Versuch einer Ableitung des Prinzips der Verallgemeinerung sowie gleichzeitig die ausführlichste Behandlung seiner Problematik finden sich in einer Monographie des amerikanischen Philosophen M. G. Singer.[29] Singer erhebt den Anspruch, das Prinzip aus jenem ethischen Grundsatz ableiten zu können, den wir als die Definition des Handlungsutilitarismus kennenlernten: Man sollte nicht eine Handlung ausführen, die (überwiegend) schlechte Folgen hat (HU). Als zweite Prämisse seiner Ableitung dient Singer ein Grundsatz, den man als Prinzip der Gleichheit (PG) bezeichnen kann: Personen in gleichen Umständen unterliegen den gleichen ethischen Geboten.[30] Der eingehenden Analyse und Kritik dieser Ableitung wollen wir uns nun zuwenden.

Zunächst könnte sich ein grundsätzlicher Zweifel daran erheben, daß es sich bei Singers Ableitung um ein sinnvolles Unterfangen handelt: Angenommen, das Prinzip der Verallgemeinerung (RU_2) ließe sich, wie Singer behauptet, aus dem Prinzip des Handlungsutilitarismus (HU) logisch einwandfrei gewinnen. Würde

[29] Generalization in Ethics, New York 1961. Das Buch läuft im Ergebnis auf eine emphatische Verteidigung des Prinzips der Verallgemeinerung hinaus.

[30] Ich folge nicht Singers Terminologie. Er bezeichnet u. a. mein „Prinzip der Gleichheit“ als „Prinzip der Verallgemeinerung“ und mein „Prinzip der Verallgemeinerung“ als „Argument der Verallgemeinerung“. Diese Redeweise erscheint deshalb unzweckmäßig, weil sich ein Prinzip und das entsprechende Argument gewöhnlich in nichts als ihrer *Form* unterscheiden (vgl. etwa „man soll nicht lügen“ mit „Handlung x ist eine Lüge; daher soll man Handlung x nicht ausführen“), zwischen Singers „Prinzip der Verallgemeinerung“ und seinem „Argument der Verallgemeinerung“ jedoch – wie schon die zusätzliche Heranziehung des handlungsutilitaristischen Prinzips zum Zwecke ihrer Ableitung auseinander zeigt – ein wesentlicher *substantieller* Unterschied besteht.

das nicht bedeuten, daß RU_2 als selbständiges ethisches Prinzip überflüssig ist?[31] Würden nicht alle ethischen Beurteilungen konkreter Fälle, die RU_2 hergibt, auch schon aus HU folgen? Welcher Sinn würde darin liegen, ein kompliziertes Prinzip (RU_2) in die ethische Theorie aufzunehmen, dessen Funktion bereits von einem einfacher zu handhabenden Prinzip (HU) wahrgenommen wird?

Dieser Einwand verkennt, daß RU_2 ja nicht aus HU *allein* abgeleitet werden soll, sondern aus HU *und* PG. Es ist durchaus denkbar, daß die Anwendung *dieser beiden* Prinzipien im konkreten Fall komplizierter ist als die Anwendung des einen Prinzips RU_2. D. h. die ethische Theorie würde dem ethischen Alltagsdenken durchaus einen Dienst erweisen, könnte sie RU_2 aus den genannten Prinzipien in abstracto gewinnen und damit dem Alltagsdenken im jeweiligen Einzelfall die Anwendung dieser Prinzipien abnehmen.

Im übrigen sollte es, die Stichhaltigkeit von Singers Ableitung vorausgesetzt, nicht überraschen, daß RU_2 (als Ergebnis von HU und PG) und HU in Konflikt treten können, d. h. daß Handlungen denkbar sind, die von RU_2 verboten und von HU geboten werden, bzw. Handlungen, die von HU verboten und von RU_2 geboten werden.[32] Denn ein solcher Konflikt würde darauf beruhen, daß HU und PG (in Verbindung mit HU[33]) im Einzelfall zu widersprüchlichen Ergebnissen

[31] Vgl. oben S. 33 f.

[32] Vgl. schon oben (S. 48). Zu Singers abweichender Auffassung vgl. die treffende Kritik von J. H. Sobel, Generalization Arguments, Theoria 31 (1965), S. 34 ff.

[33] PG kann ja seiner Funktion nach *immer* nur in Verbindung mit einem weiteren ethischen Prinzip ein inhaltlich bestimmtes ethisches Urteil hergeben.

führen können. (Ein Beispiel bildet jener Fall, in dem A dem Staat hinterzogene Steuern den Armen zuwendet. Hier würde HU diese Handlung gutheißen. RU_2 – also HU in Verbindung mit PG – würde sie dagegen verbieten, sofern man, in Anwendung von PG, A's Handlung derselben Klasse von Handlungen zuordnet wie die Handlung eines B, die, unter der hypothetischen Voraussetzung einer allgemeinen Steuerhinterziehung, wegen ihrer schlechten Folgen von HU verboten wird.)
Es wäre falsch, aus dieser Konfliktsmöglichkeit zwischen HU und RU_2 zu schließen, man müsse sich beim Aufbau eines Systems ethischer Grundsätze für *eines* der beiden Prinzipien entscheiden – womit wiederum der Sinn einer Ableitung des einen aus dem anderen in Frage gestellt würde. Zum einen haben beide Prinzipien schon deshalb *nebeneinander* eine Funktion, weil es Fälle gibt, in denen sie zu Ergebnissen führen, die zwar miteinander logisch vereinbar, aber doch nicht identisch sind (nämlich gegenüber solchen Handlungen, die nach dem einen Prinzip erlaubt, nach dem anderen dagegen geboten sind). Zum zweiten aber erscheint es selbst im Blick auf den Konfliktsfall durchaus fraglich, ob man einem der beiden Prinzipien a priori – für alle möglichen Fälle – den Vorrang einräumen soll. So spricht zumindest einiges dafür, selbst RU_2 gegenüber HU dann zurücktreten zu lassen, wenn die Folgen der Einzelhandlung *ungewöhnlich* positiv sind.[34]

[34] Dieser Fall ist zu unterscheiden von jenem Fall, in dem die positiven Folgen so erheblich sind, daß sie, berücksichtigt bei der zum Zweck der Verallgemeinerung vorgenommenen Handlungsbeschreibung, die Folgen der allgemeinen Praxis überwiegend positiv werden lassen (vgl. oben S. 49). Hier wird die betreffende Handlung von RU_2 erst gar nicht verboten.

Falls es richtig sein sollte, daß an der Spitze einer plausiblen normativen Ethik *mehrere* Prinzipien stehen müssen, ohne daß sich präzise Vorrangkriterien aufstellen lassen, so zeigt sich damit die Grenze jedes ethischen Systemdenkens. Daraus zu schließen, die Philosophie könne in der normativen Ethik *nichts* ausrichten, wäre allerdings ein non sequitur.

Singers Ableitung des Prinzips der Verallgemeinerung (RU_2) aus dem Prinzip des Handlungsutilitarismus (HU) und dem Prinzip der Gleichheit (PG) hat das folgende logische Gerüst:[35]

1: Wenn jeder so handelte wie A, so wären die Folgen (überwiegend) schlecht.

2: Wenn eine Handlung (überwiegend) schlechte Folgen hat, so sollte diese Handlung nicht ausgeführt werden (HU).

3: Es sollte nicht jeder so handeln wie A.

4: Es gibt zumindest eine Person, die nicht so handeln sollte wie A.

5: Was eine beliebige Person x (nicht) tun sollte, das sollte auch jede andere Person (nicht) tun, die sich in gleichen Umständen wie x befindet (PG).

6: Jede Person, die sich in den gleichen Umständen befindet wie jene Person, die nicht so handeln sollte wie A (Satz 4), sollte nicht so handeln wie A.

7: Jeder, dessen mögliche Handlung von der Beschreibung der Handlung A's erschöpfend erfaßt wird, befindet sich in den gleichen Umständen wie jene Person, die nicht so handeln sollte wie A.

[35] Generalization in Ethics, passim, insbesondere S. 63–68. In den einzelnen Stufen der Ableitung folge ich nicht den *Formulierungen* Singers, sondern versuche, das von ihm *Gemeinte* so klar und lückenlos wie möglich wiederzugeben.

8: Jeder sollte nicht so handeln wie A.
9: A sollte nicht so handeln, wie er handelt.

In dieser Ableitung bildet Satz 1 die Voraussetzung und Satz 9 die Folge von RU_2. Satz 9 wird aus Satz 1 gewonnen mit Hilfe der zusätzlichen Prämissen Satz 2 (HU), Satz 5 (PG) und Satz 7 (Behauptung, daß die Anwendungsvoraussetzungen von Satz 6 vorliegen). Alle anderen vorkommenden Sätze sind Zwischenstufen der Ableitung, von denen beansprucht wird, daß sie aus ihren Vorgängern logisch folgen. So soll Satz 3 folgen aus den Sätzen 1 und 2, Satz 4 aus Satz 3, Satz 6 aus den Sätzen 4 und 5, Satz 8 aus den Sätzen 6 und 7 sowie Satz 9 aus Satz 8.

Die Strategie der Ableitung ist, kurz gefaßt, also die folgende: Eine bestimmte Handlung hat, allgemein praktiziert, schlechte Folgen. Somit ergibt das handlungsutilitaristische Prinzip die kollektive Verpflichtung aller zusammen, diese allgemeine Praxis zu vermeiden. Aus dieser kollektiven Verpflichtung folgt, unter Heranziehung des Gleichheitsgebotes, die individuelle Verpflichtung jedes einzelnen, die betreffende Handlung zu unterlassen. Eine gewisse intuitive Plausibilität läßt sich dieser Argumentation nicht absprechen. Wie sind also ihre logische Stringenz sowie die Plausibilität ihrer zusätzlichen Prämissen im einzelnen zu beurteilen?

a. Das Prinzip der Gleichheit

Beginnen wir unsere Detaildiskussion von Singers Ableitung mit dem Prinzip der Gleichheit, das in der in Satz 5 formulierten Form eines der fundamentalen Prinzipien jeder normativen Ethik ist: Was eine beliebige Person x (nicht) tun sollte, das sollte auch jede andere Person (nicht) tun, die sich in gleichen Umständen wie x befindet.

Nehmen wir an, A will sich von seiner langjährigen Freundin trennen. B meint, er solle das nicht tun, und weist zur Begründung darauf hin, daß sie von ihm (A) doch ein Kind erwarte. A scheint nicht zu verstehen, und B wird deutlich: „Ein Mann sollte ein Mädchen, mit dem er seit langem befreundet ist, und das von ihm ein Kind erwartet, nicht verlassen."

B hat hier folgendes getan: Er hat in einem Einzelfall ein ethisches Urteil abgegeben. Und zur Begründung dieses Urteils hat er sich auf ein allgemeines Prinzip berufen. Ein solches Vorgehen ist für eine ethische Diskussion typisch. Sofern ihr Ausgangspunkt nicht schon auf einer allgemeinen Ebene liegt (wie z. B. bei einer Podiumsdiskussion „Soll man seine Kinder züchtigen?"), führt jedenfalls die Begründung, die jemand für seine ethische Meinung in einer Einzelfrage gibt, auf diese Ebene. Dabei ist es nicht erforderlich, daß das die Begründung bildende Prinzip als solches ausdrücklich formuliert wird (wie in dem obigen Beispiel); es genügt, daß es in der vorgebrachten Begründung implizit enthalten ist (wie gewöhnlich im täglichen Leben und auch in unserem Beispiel, wenn man den letzten Satz des B wegläßt). Entscheidend ist, daß ohne die Anrufung *allgemeiner* ethischer Sätze eine ethische Diskussion wie auch Reflexion nicht möglich wäre.

Lassen wir in unserem Beispiel A dem B etwa entgegenhalten: „Ich kann meine Freundin aber nicht mehr lieben." So kann in diesem Satz nur unter der Voraussetzung eine die Diskussion fortsetzende Begründung gesehen werden, daß A mit ihm sagen will: „Ein Mann darf ein Mädchen verlassen, das er nicht mehr lieben kann, selbst wenn er seit langem mit ihm befreundet ist und es von ihm ein Kind erwartet." A muß sich also zu einem allgemeinen Satz bekennen. An diesem Punkt wird B vielleicht fragen, was A mit „nicht mehr lieben können" genau meine; A wird darauf antworten und weiter ausführen, daß seine Freundin ohnehin nie mit einer Heirat gerechnet habe und im übrigen die Versorgung des erwarteten Kindes gesichert sei usw.

Auf diese Weise modifiziert und präzisiert jeder der Gesprächspartner seinen zunächst aufgestellten Grundsatz im Hinblick auf die spezifischen Merkmale des gegebenen Falles. Daß diese Merkmale vielleicht außergewöhnlich sind und offenbar eine „Ausnahme von der Regel" fordern, darf nicht darüber täuschen, daß diese Ausnahme ihrerseits wieder nur als – zwar im Geltungsbereich gegenüber der Regel eingeschränkter – *allgemeiner* Satz (also als neue „Regel") in den Begründungszusammenhang eingehen kann.

Wollte etwa einer der Gesprächspartner diese notwendige Funktion von Prinzipien in der ethischen Diskussion leugnen und in Abrede stellen, daß sein Hinweis auf bestimmte Eigenschaften des zur Debatte stehenden Einzelfalles unterdrückt eine *allgemeine* ethische Prämisse enthält, so sagt er nicht weniger, als daß etwas allein deshalb richtig oder falsch sei, weil es A (mit allen seinen Eigenschaften) bzw. A's Situation (mit allen ihren Merkmalen) betrifft, d. h. weil A und niemand anders der Handelnde ist. Hierin jedoch mag zwar ein *Motiv* für A's Handeln liegen, von einer ethischen *Begründung* dieses Handelns aber kann nach allgemeinem Sprachgebrauch nicht die Rede sein. Folgendes Beispiel mag das erläutern.

Nehmen wir an, jemand hält es für richtig, daß A sich von seiner Frau scheiden läßt, jedoch für falsch, daß B dieses tut. Nach den Gründen für seine divergierenden Urteile befragt, gesteht er zu, daß die beiden Fälle sich in nichts von Belang unterscheiden, hält jedoch nichtsdestoweniger an seinen ursprünglichen Urteilen fest: Es handele sich eben um zwei verschiedene Fälle. A sei ja mit B nicht identisch. Daher sei es sehr wohl möglich, sie unterschiedlich ethisch zu beurteilen. Man wird diese Urteile als willkürliche, unbegründete, ja im eigentlichen Sinne nichtmoralische bezeichnen. Es erscheint mit der Bedeutung, die wir mit ethischen Attributen verbinden, unvereinbar, daß einander ausschließende Vertreter solcher Attribute (wie „richtig" und „falsch") Handlungen zukommen, die sich nicht auch in anderer, nicht-ethischer Beziehung relevant unterscheiden.
Wer in einer ethischen Alltagsdiskussion wie oben zu „argumentieren" versuchen sollte, wird nicht zufällig auf Verständnislosigkeit stoßen. Gerade darin liegt ein Hauptunterschied zwischen dem Ausdruck von persönlichem Wollen, Vorziehen, Mögen, Begehren, Interessiertsein auf der einen sowie einem ethischen Urteil auf der anderen Seite, daß dieses mit dem Anspruch auf allgemeine Zustimmung auftritt und eben deshalb durch eine *Begründung* gestützt werden können muß. Wie weit eine derartige Begründung – wie jede Form der Begründung muß auch die ethische irgendwo ein Ende finden – führen muß, um als ausreichend zu erscheinen, sowie welcher Art Vorbringen überhaupt als Begründung anzusehen ist, dafür lassen sich zumindest keine positiven, für alle Fälle gültigen Kriterien aufstellen. Ob ein ethisches Urteil in seinem Anspruch auf allgemeine Zustimmung gerechtfertigt ist, kann nicht a

priori erkannt werden, sondern muß sich in der auf einen Konsensus gerichteten Diskussion erweisen. Insoweit haben ethische Urteile einen ähnlichen logischen Status wie begründungsbedürftige empirische Urteile des Alltags und der Wissenschaft.[36]

Angesichts dieses unzweifelhaften Bezugs ethischer Einzelurteile auf begründende Prinzipien bedarf die Lehre einiger zeitgenössischer Philosophen und Theologen, ethische Entscheidungen seien nie allgemein, sondern immer nur auf konkrete Einzelsituationen anwendbar („Situationsethik"), keiner weiteren Widerlegung. Das „Einzigartige" jedes einzelnen Falles steht dem Treffen allgemeiner ethischer Entscheidungen so wenig im Wege wie dem Aufstellen (allgemeiner) empirischer Gesetzmäßigkeiten. Etwas anderes ist es, daß diese allgemeinen ethischen Urteile in der Regel *aus Anlaß* von Einzelfällen entwickelt werden sowie aus diesem Anlaß immer neuer Qualifizierungen bedürftig sind.

Daß jede ethische Einzelentscheidung durch einen allgemeinen Satz fundiert werden muß, besagt im Kern nichts anderes als unser Prinzip der Gleichheit. Denn dieses verbietet ja gerade, daß eine ethische Beurteilung auf einen Einzelfall Anwendung findet, ohne damit auch alle anderen Fälle zu erfassen, die diesem gleichen; daß sie also, anstatt implizit immer eine *Klasse* von Fällen zu betreffen, auf Eigenschaften des betreffenden Falles abstellt, die einer Verallgemeinerung unzugänglich sind (wie etwa die Namen der beteiligten Personen).

Die Plausibilität wie die Problematik des Gleichheitsgebotes von Satz 5 liegt natürlich in dem Begriff „glei-

[36] Vgl. R. M. Hare, Freedom and Reason, S. 10ff.

che Umstände". Was ist mit diesem Begriff genau gemeint? Es versteht sich von selbst, daß der Versuch einer Klärung die Entscheidung im Einzelfall, was als „gleich" und was als „ungleich" gelten soll, weder vorwegnehmen noch ersetzen kann. Alles was man von diesem Versuch vernünftigerweise erwarten kann, ist, daß er Satz 5 als mehr als eine bloße Tautologie erweist und seine Funktion für die praktische Vernunft präzisiert.
Zwei Personen befinden sich offenbar immer dann in den gleichen Umständen, wenn auf sie die gleiche Beschreibung zutrifft. Diese Beschreibung aber ist, wie wir an unserem Beispiel sahen, enthalten in den Gründen, die jemand für sein konkretes ethisches Urteil vorbringt. Die Begründung eines solchen Urteils enthält, indem sie die zu beurteilende Handlung bzw. den Handelnden beschreibt, jenes Prinzip, unter welches das konkrete Urteil subsumierbar ist. Zwei Personen sind also dann in den gleichen Umständen, wenn auf ihr Handeln ein und dasselbe ethische Prinzip Anwendung findet. Ein ethisches Prinzip aber kann nur insofern Anspruch auf Gültigkeit erheben, als es seinen Ausspruch auf *alle* Einzelfälle, die seiner Beschreibung gemäß von ihm erfaßt werden, angewendet wissen will. Das wiederum erfordert, daß in die Beschreibung, wie das Prinzip bzw. die Begründung des Einzelurteils sie bietet, *alle ethisch relevanten Eigenschaften* der betreffenden Handlung Aufnahme finden.
Nehmen wir z. B. an, es steht zur Debatte, ob in einer konkreten Situation der ausgebildete Rettungsschwimmer A die ertrinkende X hätte retten sollen. Dann ist A in dieser Situation vielen Gruppen von Personen in mancherlei Hinsicht gleich. So könnte man in die Beschreibung der fraglichen Handlung etwa aufnehmen,

daß A männlichen Geschlechtes ist und X weiblichen Geschlechtes, daß A (nehmen wir an) Familienvater und Schachspieler ist, oder daß er, als X vor seinen Augen ertrank, seinen besten Anzug trug. Entsprechend würde unser ethisches Prinzip über die Rettung Ertrinkender dann die durch solche Beschreibung bestimmte Klasse von Personen umfassen. Das Ergebnis wäre absurd, und zwar deshalb, weil alle soeben genannten Eigenschaften des A bzw. seiner Situation für die ethische Beurteilung der Frage, ob er X hätte retten sollen, irrelevant erscheinen.

Es ist somit zu fordern, daß die in der Begründung für ein ethisches Urteil angegebenen Umstände des Falles ethische Relevanz haben. Wie schwierig es allerdings in der ethischen Argumentation des Alltags oft ist, *alle* ethisch relevanten Charakteristika anzuführen, mag der vorliegende, noch relativ einfache Fall belegen. Man könnte zunächst versucht sein, als allein relevant anzusehen, daß (so wollen wir annehmen) A die X ohne Gefahr für sein eigenes Leben retten konnte. Aber man erkennt nach kurzer Überlegung, daß diese Tatsache zur Bildung eines Prinzips nicht ausreicht: Das Prinzip fiele zu weit aus. Denn nehmen wir an, A war, als X ertrank, mit der Rettung des Y beschäftigt. In diesem Fall würden wir, entgegen dem vorgeschlagenen Prinzip, ihm nicht ohne weiteres die Pflicht auferlegen wollen, X zu retten. Jetzt könnten wir verleitet sein, folgendes Prinzip zu formulieren: Wer einen Ertrinkenden ohne Gefahr für sein eigenes Leben *und das eines anderen* retten kann, ist verpflichtet, dieses zu tun.

Dieses Prinzip dürfte dem normalen ethischen Menschenverstand in der Tat als akzeptabel erscheinen. Fälle, in denen es zu Ergebnissen führt, die wir nicht billigen möchten, sind nicht ersichtlich. Allerdings dürfen wir nicht in den Fehler verfallen, es als *ausreichend* zur ethischen Beurteilung der Rettung Ertrinkender anzusehen, es also in dem Sinne „Wer und *nur wer* einen Ertrinkenden ohne Gefahr für sein eigenes Leben und das eines anderen retten kann, ist verpflichtet, dieses zu tun" zu verstehen. Denn in diesem Sinn könnte es leicht als zu eng erscheinen: Sollte man nicht vielleicht *eine gewisse Gefahr* für das eigene Leben oder das eines anderen in Kauf nehmen, falls dieses erforderlich ist, um einen Ertrinkenden zu retten? Sind darüber hinaus nicht Umstände denkbar, unter denen man selbst unter der ernsten Gefahr für das Leben eines anderen (wennschon nicht für das eigene) einen Ertrinkenden retten, also das Leben des einen dem des anderen vorziehen sollte? (Nehmen wir in unserem Beispiel an, X ist eine vierzigjährige Mutter von fünf Kindern, Y dagegen ein siebzigjähriger Junggeselle.)

Zur Gültigkeit eines ethischen Prinzips ist es im allgemeinen ausreichend, daß es nicht zu *weit* ist. Das wird dadurch erreicht, daß *alle* ethisch relevanten Umstände Erwähnung finden. Soll das Prinzip darüber hinaus eine Klasse von Fällen *erschöpfend* beurteilen, so darf es ebenfalls nicht zu *eng* sein. Das heißt aber, es dürfen *nur* die ethisch relevanten Eigenschaften der Situation in die Beschreibung aufgenommen werden. Dieses Ziel zu erreichen, ist in der ethischen Argumentation des Alltags oft ausgeschlossen und auch nicht notwendig. Es soweit wie möglich anzustreben – man wird etwa in unserem Beispiel leicht erkennen, daß A's Ausbildung als Rettungsschwimmer irrelevant ist –, erscheint aus ökonomischen Gründen zweckmäßig. Insbesondere unter dem Gesichtspunkt der Erziehung und Belehrung lohnt es, die Zahl der ethischen Prinzipien so gering wie möglich zu halten.

Läßt sich schon nicht ein für allemal bestimmen, welche Umstände einer Handlung als ethisch relevant zu gelten haben, so kann man immerhin gewisse Arten von Handlungseigenschaften als in jedem Fall irrelevant erweisen. So kann es, wie wir schon an unserem Ausgangsbeispiel sahen, bei der ethischen Beurteilung einer Handlung nicht auf die Namen der beteiligten Personen ankommen. Gleiches gilt für die Namen der örtlichen wie zeitlichen Umstände, die im Spiele sind. Es ist unerheblich für die Bewertung einer Handlung, daß diese, sagen wir, in Hamburg stattfindet, und der Hinweis auf diese Tatsache kann keine *Begründung* der Bewertung darstellen. Es ist zwar durchaus möglich, eine Handlung (z. B. eine bestimmte Form der Prostitution), falls in Hamburg vorgenommen, als richtig, und, falls in Münster vorgenommen, als falsch anzusehen sowie in beiden Fällen von „derselben Handlung" zu sprechen. In diesem Falle muß der Grund für die unterschiedliche Beurteilung jedoch in einer oder mehreren Eigenschaften liegen, durch welche sich die beiden Städte unterscheiden (etwa darin, daß Hamburg im Gegensatz zu Münster eine Millionen- und Hafenstadt ist). Diese differenzierende Eigenschaft kann keinesfalls bloß darin bestehen, daß die Stadt Hamburg den Namen „Hamburg", die Stadt Münster dagegen den Namen „Münster" trägt. Denn der Hinweis auf eine solche, in der Verknüpfung mit einem bestimmten Eigennamen bestehende Eigenschaft würde eben nicht einen *allgemeinen* Satz zur Begründung des zur Diskussion stehenden ethischen Urteils abgeben. Die relevanten Eigenschaften müssen vielmehr in allgemeinen Begriffen beschreibbar sein. Und insofern, als eine derartige Beschreibung vorgenommen wird, die in ethisch relevanter Hinsicht lückenlos ist, kann dann allerdings die (etwa in zwei verschiedenen Städten) unterschiedlich beurteilte Handlung auch nach außen hin nicht mehr als *dieselbe* erscheinen.

Wir sehen also, daß ethische Urteile nicht durch den Hinweis auf die den beteiligten Personen oder Umständen zukommenden Eigennamen begründet werden können. Anders ausgedrückt, zwei Personen befinden sich nicht schon deshalb in ungleichen Umständen im Sinne von Satz 5, weil sie bzw. ihre Umstände nicht identisch, sondern durch unterschiedliche Eigennamen gekennzeichnet sind. Eigennamen dürfen somit in die Beschreibung der Klasse jener Handlungen, die wegen ihrer Gleichartigkeit demselben ethischen Urteil unterliegen, grundsätzlich nicht aufgenommen werden.

Das Gleiche gilt aus dem nämlichen Grunde für Demonstrativpronomen, da diese, wie man leicht sieht, nicht selten Eigennamen ersetzen können. Nicht die Wahlberechtigten *dieser* (d. h. der gerade anstehenden) Bundestagswahl oder die Spaziergänger an *diesem* (d. h. dem gerade vor uns liegenden) See, in dem im Augenblick eine Gruppe von Kindern zu ertrinken droht, bilden die Klasse von Personen, die unter derselben sittlichen Verpflichtung stehen. Vielmehr ist diese Klasse durch jene Eigenschaften zu bestimmen, welche die genannten Situationen mit allen weiteren Situationen gemeinsam haben, die ihnen in ethisch relevanter Hinsicht gleich sind.

Aus alledem folgt, daß auch das Prinzip der Verallgemeinerung, soll es durch die genannte Ableitungskette gestützt werden, nicht auf Handlungen angewendet werden kann, in deren Beschreibung Eigennamen oder Demonstrativpronomen auftauchen. So darf etwa seine Anwendung in Fall g nicht zu der Frage führen: Welche Folgen würde es haben, wenn jeder aus Bequemlichkeit *diesen* Rasen überquerte? Das Argument kann somit nicht schon deshalb ins Leere treffen, weil etwa alle diejenigen, für die das Betreten dieses Rasens überhaupt in Frage kommt (und in diesem Sinn ist, wie wir noch sehen werden, „jeder" zu verstehen), nur eine so geringe Anzahl bilden, daß der Rasen, selbst wenn jeder ihn bei jeder sich bietenden Gelegenheit überquerte, nicht litte. Richtig formuliert, muß die Frage vielmehr lauten: Welche Folgen würden eintreten, wenn jeder aus Bequemlichkeit Rasenflächen wie diese (d. h. Rasenflächen, die dieser in jeder relevanten Beziehung gleichen) überquerte?

Natürlich ist es möglich, in der begründenden Erläuterung eines ethischen Urteils dem Erfordernis der allgemeinen Geltung zwar formell Genüge zu tun, in der Sache aber dasselbe zu erreichen, wie durch die Berufung auf Eigennamen, nämlich die Beschränkung der Tragweite des Urteils auf einen individuellen Fall. Ein solches Vorgehen, das in Wahrheit auf die Verweigerung einer Begründung hinausläuft, liegt dann vor, wenn die Beschreibung der zu beurteilenden Situation so eng gewählt wird, daß praktisch nur ein Fall oder doch sehr wenige Fälle ihr Genüge leisten können. (Nehmen wir etwa an, ein ethisches Urteil über einen Diebstahl wird gestützt durch den Hinweis, er sei in einer Stadt mit 53 711 Einwohnern und 16 Schulen oder aber, er sei von einer am 15. 8. 1930 geborenen Frau von 1,85 m Größe ausgeführt worden.)

Alles, was sich gegen derartige „Begründungen" in der

Regel sagen läßt, ist, daß sie offensichtlich irrelevante Umstände des gegebenen Falles in seine Beschreibung und damit in die Bestimmung der gesuchten Klasse von Fällen mitaufnehmen. Ein Kriterium, das diese Hinweise von vornherein als irrelevant erweisen würde – wie das der Verwendung von Eigennamen – scheint es hier nicht zu geben. So sind immerhin Fälle denkbar, in denen etwa zahlenmäßige Verhältnisse (selbst sehr präziser Natur) durchaus von ethischer Relevanz sind.

Aus diesem Grunde können auch die häufig unternommenen Versuche einer a priori-Präzisierung des allgemeinen rechtlichen Gleichheitssatzes – der ja nichts weiter als ein Sonderfall von Satz 5 ist – nicht überzeugen. Eigenschaften beteiligter Personen wie Rasse, Religion oder Haarfarbe brauchen für die Bewertung einer Handlung nicht in jedem Fall belanglos zu sein. Einen Juden als Botschafter nach Kairo zu schicken, erscheint zur Zeit kaum gerechtfertigt, selbst wenn der Betreffende seine Mitbewerber in fachlicher Hinsicht übertrifft. Die Bevorzugung Rothaariger bei der Auswahl von Entwicklungshelfern dürfte sich nicht beanstanden lassen, wenn der zu fördernde Eingeborenenstamm von der überragenden Weisheit rothaariger Menschen kraft göttlicher Inspiration überzeugt ist. (Dieses dürfte jedenfalls solange gelten, wie eine Aufklärung des betreffenden religiösen Aberglaubens in absehbarer Zukunft nicht möglich erscheint.)

Im Zusammenhang mit Satz 5 läßt sich auch die sogenannte „*Goldene Regel*" am besten verstehen. Dieser von verschiedenen Religionsstiftern und Philosophen vertretene ethische Grundsatz tritt in einer positiven wie in einer negativen Fassung auf. Die positive Fassung lautet, etwa in der Formulierung der Bergpredigt[37]: „Alles also, was ihr wollt, daß euch die Leute tun, das sollt auch ihr ihnen tun." Eine negative Fassung findet sich in der Volksweisheit: „Was du nicht willst, daß man dir tu', das füg' auch keinem andern zu." (Was gemeint ist, würde, hinsichtlich der Negation eindeutiger formuliert, lauten: „Was du willst, daß man dir nicht tu', das füg' auch keinem andern zu.") Zwischen der positiven und der negativen Fassung besteht hier – anders als bei dem oben behandelten Grundsatz des Utilitarismus – kein Unterschied im Sinngehalt. Denn wollen, daß etwas getan wird, und wollen, daß das Gegenteil hiervon nicht getan wird, ist logisch dasselbe.

Hält man sich unbefangen an den bloßen Wortlaut obiger Formulierungen der Goldenen Regel, so könnte man zweifeln, ob es sich bei ihr überhaupt um einen *ethischen* Grundsatz im eigentlichen Sinne handelt. Denn in beiden Fassungen nimmt sie Bezug auf ein „Wollen" und in der einen Fassung spricht sie gar in imperativischer Form ein Gebot aus. Zu *wollen,* daß jemand etwas tut, braucht aber nicht auch zu besagen (und besagt in bestimmten Zusammenhängen gewiß nicht), jemand für *sittlich verpflichtet* zu halten, etwas zu tun. Und jemandem in der Befehlsform – auch sie drückt ein Wollen aus – etwas zu sagen, braucht nicht gleichbedeutend damit zu sein, ihm eine sittliche Verpflichtung vor Augen zu führen. Man wird jedoch ohne weitere Diskussion annehmen dürfen, daß die Goldene Regel in ihrem religiösen wie in ihrem alltäglichen Zusammenhang mit ihrem Hinweis auf ein Wollen je-

[37] Matthäus 7, 12.

denfalls *auch* auf eine sittliche Verpflichtung, ein sittliches Sollen Bezug nimmt bzw. ein solches statuiert. Das heißt, die Goldene Regel besagt zumindest auch: Wozu du die anderen in ihrem Verhalten dir gegenüber für verpflichtet hältst, dazu bist auch du ihnen gegenüber verpflichtet.

Ein anderer Mangel in der Fassung der Goldenen Regel ist jedoch sowohl schwerwiegender wie interessanter. Bringt man die Regel in einer ihrer üblichen Formen, ohne eine stillschweigend vorausgesetzte Qualifizierung, auf praktische Fälle zur Anwendung, so gelangt man nicht selten zu absurden Ergebnissen: Nehmen wir an, der stark sehbehinderte A steht an einer gefährlichen Straßenkreuzung und ist der Meinung, jemand sollte ihm beim Überqueren behilflich sein. Sollte A deshalb seinerseits verpflichtet sein, seinen Mitmenschen beim Überqueren gefährlicher Straßenkreuzungen zu helfen? Sollten Eltern ihre Kinder deshalb nicht züchtigen dürfen, weil sie selbst nicht gezüchtigt werden möchten? Schließlich (zu diesem Ergebnis führt die Regel jedenfalls in ihrer nicht-moralischen Bedeutung), wollen wir einem Masochisten freie Bahn geben oder gar ihn dazu anhalten, andere zu quälen?

Daß die Vertreter der Goldenen Regel, wie etwa der Jesus der Evangelien, solche Ergebnisse ihrer Anwendung nicht gebilligt hätten, darf man annehmen. Daraus folgt aber keineswegs, daß sie sich über die genauen Grenzen des von ihnen Gemeinten sowie die inadäquate Erfassung desselben durch die von ihnen gewählte Formulierung klar waren, daß sie also diese Formulierung, etwa wegen ihrer populären Schlagkraft, bewußt als unpräzise in Kauf nahmen. Eine klärende Qualifizierung der Goldenen Regel (wie mancher anderen Philosopheme) ist, so selbstverständlich sie *nach* ihrer Darlegung auch erscheinen mag, weder trivial noch somit überflüssig. Ein vertrauensvoller Anspruch an den intelligenten Hörer oder Leser, die zur Vermeidung von Mißverständnissen erforderliche Analyse und Präzisierung von sich aus vorzunehmen oder ihrer, im Besitz zutreffender Intuition des Gemeinten, gar nicht zu bedürfen, ist ebenso ungerechtfertigt wie unzumutbar. Das mag in unserem Fall das Beispiel Kants zeigen, der die Goldene Regel u. a. deshalb ablehnt, weil sie in ihrer Anwendung zu Ergebnissen führe wie dem, daß der Verbrecher unter Berufung auf sie gegen seine ihn strafenden Richter argumentieren könne.[38] Kant hat somit die Goldene Regel nicht nur prima facie genau in dem oben diskutierten, buchstäblichen Sinn verstanden, er ist auch bei dieser zu offensichtlich absurden Ergebnissen führenden Deutung stehen geblieben und hat sie zur Grundlage seiner Verwerfung der Regel gemacht. (Unverständlicherweise bezeichnet er jedoch die so verstandene Goldene Regel in demselben Abschnitt als „trivial".)

Die Qualifikation, deren die Goldene Regel bedarf, damit ihre Anwendung auf Fälle wie die erwähnten ausgeschlossen ist, liegt an diesem Punkt unserer Untersuchung auf der Hand. Daß ich den A zur Vornahme einer bestimmten Handlung mir gegenüber für verpflichtet halte, kann nicht ausreichen, eine gleichlautende Verpflichtung meiner Person dem A (oder anderen) gegenüber zu begründen. Es muß vielmehr hinzukommen, daß A und ich uns in den gleichen Umständen befinden! Nach der so verstandenen Regel ist der

[38] I. Kant, Grundlegung zur Metaphysik der Sitten, S. 62 Fußnote.

Sehbehinderte, der anderer Hilfe beim Überqueren der Kreuzung beanspruchen will, nur unter der Voraussetzung verpflichtet, anderen in gleicher Weise zu helfen, daß diese ihrerseits sehbehindert sind und er selbst seine volle Sehkraft wiedererlangt hat. Eltern sind dann nicht berechtigt, ihre Kinder zu züchtigen, falls sie, sich selbst in die Rolle von Kindern versetzend, ihren Eltern ebenfalls kein Züchtigungsrecht zugestehen würden. Der Masochist schließlich mag andere Masochisten, aber nicht normal empfindende Mitmenschen quälen.

Die Goldene Regel muß also, soll sie absurde Ergebnisse vermeiden, in folgendem Sinn modifiziert werden: „Du sollst andere so behandeln, wie du selbst, vorausgesetzt, du befindest dich in den gleichen Umständen wie sie, sie dir gegenüber zu handeln für verpflichtet hältst." *Diese* Regel aber ist offensichtlich nichts weiter als ein Unterfall unseres Satzes 5, ein Unterfall deshalb, weil sie sich nur an den Handelnden wendet und das Erfordernis der Gleichbehandlung nicht ausdrücklich für alle ethischen Urteile schlechthin aufstellt. Insofern als Satz 5 dieses tut und, wie wir sahen, mit Recht tut, ist er der Goldenen Regel wegen seiner größeren Reichweite überlegen. Andererseits entgehen ihm keine Fälle, welche die Goldene Regel in ihrer qualifizierten und einzig sinnvollen Form erfaßt. Satz 5 verdient nach alledem in der ethischen Theorie vor der Goldenen Regel den Vorzug. Diese ist zwar nicht falsch, aber gemeinhin mißverständlich formuliert und darüber hinaus überflüssig.

Dem Erfordernis von Satz 5, ein *konkretes* sittliches Urteil einem alle relevanten Umstände enthaltenden *allgemeinen* sittlichen Urteil zu subsumieren, trägt auch die Fassung des Vordersatzes von Satz 7 Rechnung: Jeder, dessen mögliche Handlung von der Beschreibung der Handlung A's erschöpfend erfaßt wird, ... Die „Beschreibung der Handlung A's" findet sich jeweils bereits in der Anwendung von Satz 1 auf den betreffenden konkreten Fall. An die Art dieser Beschreibung muß folgende Anforderung gestellt werden. Nehmen wir in unserem Beispiel g an, daß A die Abkürzung über den Rasen wählt, um eine wichtige Verabredung nicht zu versäumen. Wenn wir hier die Handlung des A einfachhin als das Überqueren einer gepflegten öffentlichen Rasenfläche aus Gründen der Zeitersparnis beschreiben, so führt uns das Prinzip der Verallgemeinerung über Satz 7 zu folgendem Ergebnis: Wenn jeder aus irgendwelchen Gründen der Zeitersparnis einen Rasen der genannten Art überquerte, würde dieser verdorben. Diese Folge ist unerfreulich. Die Voraussetzung von Satz 1 ist also erfüllt. Satz 7 nun erklärt, daß jeder, der einen derartigen Rasen, um Zeit zu sparen, überquert, also auch A selbst oder B, der ebenfalls auf dem Wege zu einer dringenden Verabredung ist, sich in den gleichen Umständen befindet, wie jene von Satz 4 erfaßte Person, die den Rasen nicht überqueren sollte. Das absurde Ergebnis geht dahin, daß A und B den Rasen nicht überqueren dürfen.

Der Fehler liegt in der inadäquaten Beschreibung der Handlung A's, bei der ethisch bedeutsame Faktoren ausgelassen werden. Satz 7 erfordert also, entsprechend Satz 5, daß alle Eigenschaften, die für die ethische Beurteilung der Handlung A's relevant sind, in deren Beschreibung aufgenommen werden. Es ist natürlich möglich, dieses Erfordernis schon für Satz 1 aufzustellen und so in Fällen wie dem anstehenden das Argument der Verallgemeinerung schon auf der ersten Stufe scheitern zu lassen. Denn wenn jeder, der unterwegs zu einer dringenden Verabredung ist, einen Rasen der genannten Art überquerte, so wären die Folgen (wie wir wissen, kommt es auf die *gesamten* Folgen an) solchen Handelns sicher nicht unerwünscht. (Die positiven Folgen würden die negativen überwiegen.) Darüber hinaus aber müssen wir für Satz 7 fordern, daß ihm nur solche Handlungen unterliegen, die, ihrerseits ohne Auslassung relevanter Faktoren beschrieben, in allen diesen Faktoren von der Beschreibung der Handlung A's erfaßt werden. Nehmen wir in unserem Beispiel an, A überquerte den Rasen, bloß um Zeit zu sparen (d. h. ohne besonderen Grund), so befindet sich der zu seiner Verabredung eilende B ja nicht in den gleichen Umständen wie jene Person, die nicht so handeln sollte wie A. Damit gleiche Umstände vorliegen, muß die Handlung B's in ihren relevanten Eigenschaften von der Beschreibung der Handlung A's *erschöpfend* erfaßt sein. D. h. Satz 7 kann nur auf solche Handlungen Anwendung finden, die keine ethisch relevanten Züge aufweisen, die nicht auch in der Beschreibung der Handlung A's auftauchen.

In dieselbe Richtung weist auch die Lösung des folgenden Falles. Auf einen Aufzug, der für 10 Personen zugelassen ist, warten 18 Personen. Hat B, der als einer der ersten den sich öffnenden Aufzug betritt, hier Veranlassung, sich zu sagen: „Wenn jeder der Wartenden jetzt den Aufzug benutzte, so würde dieser und möglicherweise die Menschen in ihm gefährdet, d. h. die Folgen wären schlecht. Es gibt also zumindest eine Person unter den Wartenden, die den Aufzug jetzt nicht benutzen sollte. Da sich nun aber alle Wartenden (angenommen, sie gehören einer Besichtigungsgruppe an und sind gleichzeitig am Aufzug eingetroffen) in den gleichen Umständen befinden und damit auch notwendig in den gleichen Umständen wie jene Person unter ihnen, die den Aufzug nicht benutzen sollte, so sollten sie alle, also auch ich, von der Benutzung des Aufzugs Abstand nehmen"?

Eine solche Argumentation würde absurd erscheinen. Worin aber besteht genau der Unterschied zwischen diesem Beispiel und unserem Rasenfall, in dem die entsprechende Argumentation der Verallgemeinerung keineswegs absurd erscheint? In beiden Fällen kann eine gewisse Anzahl von Personen ohne Anrichtung eines Schadens von einer bestehenden Möglichkeit, sich eine Bequemlichkeit zu verschaffen, – durch Vermeidung der Treppen bzw. des „Umwegs" um die Rasenfläche – Gebrauch machen. In beiden Fällen tritt bei einer Benutzung über eine gewisse Personengrenze hinaus ein Schaden auf. (Auch in dem Aufzugfall ist den Benutzern nicht ohne weiteres *ersichtlich*, wo diese *genau* zu ziehen ist; denn eine leichte Überbelastung schadet erfahrungsgemäß einem Aufzug nicht). Der einzige faßbare Unterschied zwischen beiden Fällen dürfte darin liegen, daß der Aufzug von seinem Eigentümer der Öffentlichkeit zum harmlosen Gebrauch ausdrücklich zur Verfügung gestellt worden ist, während der Eigentümer der Rasenfläche die Abkürzung über sie nicht in ähnlicher Weise dem Gebrauch übergeben hat. (Der Grund, der eine solche Disposition im Fall der Rasenfläche unzweckmäßig erscheinen läßt, liegt auf der Hand: Dem durchschnittlichen Benutzer kann nicht die Entscheidung darüber überlassen werden, von welchem Punkt an ein Überqueren des Rasens diesen schädigt bzw. nach welchem Zeitablauf der strapazierte Rasen

ohne Schädigung von neuem in Gebrauch genommen werden kann. Andererseits ist hier aus offensichtlichen Gründen eine den harmlosen Gebrauch regelnde, eindeutige Benutzungsanweisung, wie sie im Falle des Aufzugs ein Schild sowie in etwa schon der zur Verfügung stehende Raum bieten, nicht möglich.)
Die Lösung des Aufzugfalles liegt also darin, daß nicht alle der 18 Wartenden sich in denselben relevanten Umständen befinden. Die Relevanz liegt in dem Bestehen einer (ausdrücklichen oder stillschweigenden) Benutzungsordnung. Jene 10 Personen, die den Aufzug zuerst betreten, handeln im Rahmen dieser Benutzungsordnung, die übrigen 8 Personen tun dieses, würden auch sie den Aufzug betreten, nicht. (Untereinander befinden sich diese 8 Personen dagegen in denselben relevanten Umständen. Würde A – im Falle einer ausdrücklichen Benutzungsbeschränkung auf genau 10 Personen – als elfter den Aufzug betreten und argumentieren, seine Handlung sei als solche ohne negative Konsequenzen, da eine Mehrbelastung des Aufzugs um 10% erfahrungsgemäß unschädlich ist, so könnte man ihm das Prinzip der Verallgemeinerung in der Tat ohne jeden Anflug von Absurdität entgegenhalten.)
Wir sehen, daß Satz 7 das schon in Satz 5 herangezogene Prinzip voraussetzt, daß gleiche Umstände bei verschiedenen Handlungen immer und nur dann vorliegen, wenn die Handlungen einer Klasse angehören, die durch alle ihnen anhaftenden *relevanten* Eigenschaften definiert ist. Bisher haben wir noch nichts darüber gesagt, ob die in Satz 7 auf die gleiche Stufe gestellten Handlungen, nämlich die von der Beschreibung der Handlung A's erschöpfend erfaßten Handlungen (wir wollen sie Handlungen der Klasse a nennen) auf

der einen Seite und die Handlung jener Person, die gemäß Satz 4 nicht so handeln sollte wie A, auf der anderen Seite tatsächlich in diesem Sinn ein und derselben Klasse angehören, ob also Satz 7 richtig ist. Wir haben vielmehr versucht, eine notwendige Bedingung von Satz 7 dadurch zu erläutern, daß wir Beispiele beibrachten, die nicht unter ihn subsumierbar sein durften, sollte das Prinzip der Verallgemeinerung nicht zu absurden Ergebnissen führen.

Es gibt vor allem die folgenden zwei Typen von Fällen, bei denen gerade das Prinzip der Verallgemeinerung, aufgrund einer Mißachtung des Relevanzgebotes bei der Beschreibung der betreffenden Handlung, solche Ergebnisse beinhalten würde:

Nehmen wir an, A möchte Kaufmann werden. Könnte man ihm unter Berufung auf das Prinzip der Verallgemeinerung entgegenhalten, er (und jeder andere ebenso) dürfe nicht Kaufmann werden? Denn angenommen, jeder ergriffe diesen Beruf, so hätte das gewiß äußerst unerfreuliche Folgen: Es gäbe nicht nur etwa keine Lehrer und Politiker, sondern auch keine Leute, welche die Ware des Kaufmanns berufsmäßig produzierten. Das unsinnige Ergebnis, also dürfe niemand Kaufmann werden, kommt nur dadurch zustande, daß bei der Beschreibung der Handlung A's sittlich relevante Umstände außer Betracht geblieben sind. Auf diese Weise erscheint eine Handlung als moralisch pflichtwidrig, die in Wahrheit jeder unter gewöhnlichen Umständen als sittlich neutral betrachtet. Das Ergebnis entfällt, sobald wir über A etwa hinzufügen, daß er Neigung und Eignung zum Kaufmannsberuf hat sowie in einer Gesellschaft lebt, in der ein Bedarf an Kaufleuten besteht. Denn falls jeder, auf den diese Eigenschaften zutreffen,

Kaufmann würde, so wären die Folgen in keiner Weise schlecht. Das Prinzip der Verallgemeinerung ist in Fällen wie diesem also nicht anwendbar. Das läßt sich u. a. auch daran erkennen, daß es, hielte man es für anwendbar, gleichermaßen einander entgegengesetzte Resultate ergeben würde: Es hätte nicht nur üble Konsequenzen, wenn jeder (ohne weitere Qualifikation) Kaufmann würde, sondern ebenso, wenn jeder (ohne weitere Qualifikation) nicht Kaufmann würde, d. h. niemand Kaufmann würde. Im Ergebnis wäre also, wollte man das Prinzip der Verallgemeinerung anwenden, einerseits niemand wie andererseits jeder verpflichtet, Kaufmann zu werden.[39]

Während in der soeben behandelten Art von Fällen das Prinzip der Verallgemeinerung deshalb nicht anwendbar ist, weil die Fallbeschreibung auf einer zu allgemeinen Stufe verbleibt, gibt es auch Fälle, in denen das Prinzip zu unsinnigen Ergebnissen führt, weil die Beschreibung zu spezifisch ausfällt. In diese Kategorie fallen vornehmlich jene Fälle, in deren Beschreibung ein Eigenname oder ein Demonstrativpronomen Eingang gefunden hat. Daraus, daß es unerfreulich wäre, wenn heute abend jeder das Schwabinger Lokal „Nachteule" aufsuchen würde, folgt gewiß nicht, daß niemand dieses tun sollte. Wir haben schon bei der Diskussion von Satz 5 gesehen, daß dieser Satz die Anwendung des Prinzips der Verallgemeinerung auf Fälle, deren Beschreibung auf einen Eigennamen oder ein Demonstrativpronomen Bezug nimmt, ausschließt. Dieser Aus-

[39] Zu dieser Gruppe von Fällen siehe näher M. Singer, Generalization in Ethics, S. 71 ff. Singer spricht hier von einer „Umkehrbarkeit" des Prinzips.

schluß gilt eben wegen des Satzes 5 selbst dann, wenn die Anwendung des Prinzips nicht zu unsinnigen Resultaten führen sollte (wie in dem Beispiel: Wenn bei *dieser* Bundestagswahl jeder sein Wahlrecht vernachlässigte, so wären die Folgen schlecht).
In dieselbe Kategorie gehört aber auch eine Gruppe von Fällen, die sich durch ein leicht zu handhabendes Kriterium nicht bestimmen läßt. Folgender Fall soll sie exemplifizieren: A wohnt in einer Großstadt und will seine Wohnung von einem Außenbezirk in die Stadtmitte verlegen. Wenn jeder Bewohner einer Großstadt ins Zentrum zöge, so wären die Folgen unerwünscht. Das Ergebnis einer Anwendung des Prinzips der Verallgemeinerung, niemand dürfe ins Zentrum ziehen, ist absurd. Hier sind, ebenso wie in der soeben behandelten Fallgruppe, ethisch irrelevante Umstände in die Beschreibung aufgenommen, die wegen ihrer zu großen Spezifität die schlechten Folgen herbeiführen. Wenn jeder Bewohner einer Großstadt in *irgendeinen* Stadtteil umzieht, so hat das keine schlechten Folgen. Schlechte Folgen treten nur ein, wenn jeder in einen *bestimmten* Stadtteil (wie das Zentrum) umzieht. Daß die spezifische Tatsache, daß es sich um das Zentrum handelt, nicht relevant sein kann, sieht man schon daran, daß der Umzug aller in einen anderen Stadtteil (etwa die nördlichen Außenbezirke) ebenso ungünstige Folgen hätte. Das Prinzip der Verallgemeinerung würde somit in wiederholter Anwendung (für die verschiedenen Stadtteile) dazu führen, daß überhaupt niemand in einer Großstadt umziehen dürfte. Ein ähnliches Beispiel liegt darin, daß A sicher das Recht hat, täglich um 12 Uhr zu Mittag zu essen, trotz der üblen Folgen in dem

Fall, daß jeder täglich um 12 Uhr (oder zu einer anderen bestimmten Zeit) zu Mittag essen würde.[40]
Solche Fälle zu spezifischer Orts- und Zeitangaben lassen sich am zwanglosesten in der Weise von der Anwendung des Prinzips der Verallgemeinerung ausschließen, daß man sie als Umgehungen des Verbots der Anführung von Eigennamen und hinweisenden Fürwörtern auffaßt (vgl.: Wenn jeder Münchener nach Schwabing zöge, . . . Wenn jeder zu dieser Zeit zu Mittag essen würde, . . .) und damit der Sache nach von diesem auf die Analyse von Satz 5 gestützten Verbot erfaßt sein läßt.
Es verdient betont zu werden, daß dieses Verbot sich nicht etwa auf die Angabe *aller* zu spezifischen und daher irrelevanten Umstände beziehen muß, daß also die jeweilige Beschreibung nicht unbedingt *nur* relevante Faktoren enthalten darf. Es müssen vielmehr nur solche spezifischen, irrelevanten Umstände ausgeschlossen werden, welche die negative Qualität der Folgen kausal bestimmen und daher die Anwendung des Prinzips der Verallgemeinerung ad absurdum führen. So ist es in dem Wahlbeispiel zwar irrelevant, daß es sich, sagen wir, um eine Landtagswahl oder um eine Wahl in einem Staat mit mehr als 50 Millionen Einwohnern handelt, und doch werden die negativen Konsequenzen einer allgemeinen Wahlabstinenz durch diese Umstände nicht herbeigeführt oder beeinflußt. Ihre Aufnahme in die Beschreibung der betreffenden Handlung ist daher unschädlich. Es mag vom logischen Standpunkt aus unge-

[40] Auch zu dieser Gruppe von Fällen siehe näher M. Singer, Generalization in Ethics, S. 80 ff. Hier spricht Singer von einer „Wiederholbarkeit“ des Prinzips.

rechtfertigt erscheinen, die Einführung von Eigennamen und hinweisenden Fürwörtern schlechthin, die von sonstigen irrelevanten Umständen aber nur bedingt zu verbieten. Dieses Vorgehen empfiehlt sich jedoch in praktischer Hinsicht deshalb, weil im ersten Fall (Eigennamen und hinweisende Fürwörter) das Kriterium einfach anzuwenden ist, im zweiten Fall jedoch ein Ausschluß aller irrelevanten Faktoren sich im Einzelfall als äußerst schwierig erweisen kann.

b. Der Schluß von der kollektiven auf die individuelle Verpflichtung

Nachdem wir uns Bedeutung und Tragweite des fundamentalen Prinzips der Gleichheit klargemacht haben, wollen wir nun die einzelnen Stufen von Singers Ableitung der Reihe nach diskutieren.

Satz 1: Wenn jeder so handelte wie A, so wären die Folgen (überwiegend) schlecht.

Dieser Satz, der ein Werturteil zum Inhalt hat,[41] wird nicht etwa aus dem Prinzip der Verallgemeinerung gewonnen, sondern von ihm vorausgesetzt: Das Prinzip kann argumentativ nur gegenüber jemandem ins Feld geführt werden, der Satz 1 bereits akzeptiert. Gedanken kann man sich machen über das „jeder" in dem Konditionalsatz. Ist jeder im buchstäblichen Sinne gemeint, d. h. alle Menschen dieser Erde (unter Einschluß der vergangenen und zukünftigen Menschen?), oder nach welchen Gesichtspunkten läßt sich der gemeinte Personenkreis einschränken? Betrachten wir einige unserer Beispiele:

[41] Vgl. oben S. 14 ff.

f. Wenn jeder der Bundestagswahl fernbliebe, ...
g. Wenn jeder einen Rasen dieser Art überquerte, ...
i. Wenn jeder die Straßenbahn benutzte, ohne zu bezahlen, ...

Man sieht, es kann in dem jeweiligen Konditionalsatz von Satz 1 nicht jeder im buchstäblichen Sinn gemeint sein. Denn in den genannten Beispielen bezieht sich „jeder" offenbar nur auf

f. jeden für die Bundestagswahl Wahlberechtigten,
g. jeden, für den der Gang über den Rasen eine Abkürzung seines ohnehin gewählten Weges bedeutet,
i. jeden Benutzer der Straßenbahn.

Wer Satz 1 im Zusammenhang mit dem Prinzip der Verallgemeinerung heranzieht, meint im Rahmen der Beschreibung seines Falles somit nicht schlechthin jeden, sondern etwa jeden, der nach den Umständen des Falles, wie sie in dieser Beschreibung Ausdruck finden, in Frage kommt. Und auch in dem so beschränkten Personenkreis ist nicht notwendig jeder ohne Ausnahme gemeint, sondern, je nach Lage der Dinge, etwa „die meisten", „die große Mehrheit" oder auch nur „viele". Denn ausreichend für das Eingreifen des Prinzips der Verallgemeinerung ist ja, daß von „jeder" genügend Handelnde erfaßt werden, so daß die schlechten Wirkungen der Handlung eintreten. So sind etwa in Beispiel f die Konsequenzen einer 90%-igen Wahlabstinenz kaum weniger unheilvoll für das Schicksal der Demokratie als diejenigen einer 100%-igen. Und in Beispiel c genügt vielleicht schon eine Schwimmbadbenutzung durch 40% der Schwimmbadbesitzer, um einen Zusammenbruch der allgemeinen Wasserversorgung herbeizuführen.

Schließlich bleibt zum Begriff „jeder" in Satz 1 noch

anzumerken, daß dieser Satz den gleichen Sinn behält, wenn wir statt „jeder“ „niemand“ setzen und in die Beschreibung der betreffenden Handlung eine Verneinung aufnehmen. Anstatt zu sagen „wenn jeder der Bundestagswahl fernbliebe“, können wir ohne Änderung der Bedeutung auch formulieren „wenn niemand der Bundestagswahl nicht fernbliebe (= an der Bundestagswahl teilnähme)“. Es ist also gleichgültig, in welcher dieser beiden Formen das Prinzip der Verallgemeinerung im Einzelfall auftritt. In dieser Untersuchung wird es lediglich aus Gründen der Zweckmäßigkeit mit „jeder“ und nicht mit „niemand nicht“ gefaßt werden. Eine entsprechende Umformung bereitet in keinem Fall Schwierigkeiten.

Satz 2: Wenn eine Handlung (überwiegend) schlechte Folgen hat, so sollte diese Handlung nicht ausgeführt werden.

Dieses Prinzip haben wir schon reichlich kennengelernt.[42] Selbst wenn der Handlungsutilitarismus Unrecht haben sollte, es zum einzigen Prinzip der Moral zu erheben und selbst wenn ein Regelutilitarismus, der immerhin seine verallgemeinernde Form (eventuell *neben* es selbst) an die Spitze der Moral stellt, unhaltbar sein sollte, so dürfte es jedenfalls als *ein* fundamentales ethisches Prinzip – neben anderen, nicht-teleologischen Prinzipien – jedermanns Anerkennung verdienen und auch finden. Es ist schwer zu sehen, wie eine einigermaßen plausible ethische Theorie auf HU als zumindest *eines* ihrer unableitbaren ethischen Grundsätze verzichten könnte. Das bedeutet aber, daß die Heran-

[42] Vgl. S. 21 ff.

ziehung des Prinzips zur Ableitung anderer, umstrittener Prinzipien – wie des Prinzips RU_2 – jedenfalls legitim ist.

Satz 3: Es sollte nicht jeder so handeln wie A.

Dieser Satz ist, wie er formuliert ist, in seiner Bedeutung nicht eindeutig. Um die im Rahmen unserer Ableitung intendierte Bedeutung klarzustellen, vergleichen wir ihn mit einigen ähnlichen, jedoch logisch differenten Sätzen, unter ihnen Satz 8 (Jeder sollte nicht so handeln wie A). Um die logischen Unterschiede zwischen den einzelnen Sätzen transparenter zu machen, übersetzen wir sie in eine Symbolsprache. Wir verwenden die folgenden Symbole:

„(x)“: „für jede Person x gilt“

„ $\neg$ “: „nicht“

„V“: „der Umstand, daß etwas sittlich verboten ist (nicht der Fall sein sollte)“

Der Vereinfachung halber formen wir Satz 3 und Satz 8 so um, daß a für die von A verwirklichte Handlung steht:

3: Nicht jeder sollte a tun.

8: Jeder sollte a nicht tun.

Unter Verwendung der eingeführten Symbole lassen sich diese Sätze nun wie folgt übersetzen:

3^s: V(x) [x tut a]

8^s: (x)V [x tut a]

Versucht man nun, diese Symbolisierungen in möglichst eindeutiger Form in die gewöhnliche Sprache zurückzuübersetzen, so bieten sich die folgenden Formulierungen an:

3′: Es sollte nicht der Fall sein, daß jeder a tut. (Nicht jeder darf a tun.)

8′: Es sollte der Fall sein, daß jeder a nicht tut. (Es ist der Fall, daß jeder a nicht tun sollte.)
Der Unterschied im Sinngehalt zwischen *diesen* beiden Sätzen ist offenkundig. Während die Forderung von Satz 3′ erst verletzt ist, wenn alle a tun, ist die Forderung von Satz 8′ schon verletzt, wenn irgendjemand a tut. Satz 8′ besagt dasselbe wie: Niemand sollte a tun. Vergleichen wir nun Satz 3′ mit Satz 3, so bemerken wir, daß Satz 3 zumindest zweideutig ist. Er kann nämlich neben der Bedeutung von Satz 3′ auch den Sinn haben: Es ist nicht der Fall, daß jeder a tun sollte. Geben wir diesem Satz die Ziffer 10.
Satz 10: Es ist nicht der Fall, daß jeder a tun sollte.
Diese Aussage besagt, daß es jemanden gibt, für den es nicht zutrifft, daß er a tun sollte. Satz 3′ dagegen erscheint gleichbedeutend mit dem Satz, daß es jemanden gibt, der a nicht tun sollte. Satz 10 ist schwächer als Satz 3′, insofern als Satz 10 im Gegensatz zu Satz 3′ die Möglichkeit offen läßt, daß es sich bei der Verwirklichung von a um eine sittlich neutrale Handlung handelt, d. h. um eine Handlung, die sittlich weder verboten noch geboten ist.
Satz 8 andererseits, so fällt uns jetzt auf, könnte ebenso wie Satz 3 im Sinne von Satz 10 verstanden werden. Wiederum wird diese Zweideutigkeit erst durch die Umformung von Satz 8 in Satz 8′ beseitigt.
Wir sehen, daß unsere Symbolisierungen nicht nur den Vorzug der Eindeutigkeit vor den alltagssprachlichen Formulierungen haben, sondern auch eben wegen ihrer Eindeutigkeit zu einer möglichst weitgehenden Präzisierung dieser Formulierungen Beihilfe leisten können. Ohne eine derartige Präzisierung und Abhebung von Verwandtem aber besteht bei Sätzen wie Satz 3 und

Satz 8 immer die Gefahr, daß sich im Verlauf eines verwickelten Argumentes ihr Sinn unmerklich verschiebt sowie ihre Anwendung auf Beispiele in unterschiedlichem Sinn erfolgt. So machen sie die logische Stringenz des Argumentes zunichte, und ihre durch Beispiele belegte Plausibilität trügt.

Wenn wir bedenken, daß das Gebot einer Handlung gleichbedeutend ist mit dem Verbot ihrer Negation (d. h. ihres Gegenteils), so können wir Satz 10 auch formulieren: Es ist nicht der Fall, daß jeder nicht-a nicht tun sollte. Diese Formulierung ergibt in unserer Symbolsprache Satz 10^s.

10^s: $\neg$ (x)V $\neg$ [x tut a]

Hiervon zu unterscheiden ist Satz 11^s.

11^s: (x) $\neg$ V $\neg$ [x tut a]

Satz 11 besagt nämlich: Es gilt für jeden, daß es nicht zutrifft, daß er a tun sollte. (Es gilt für jeden, daß es ihm nicht verboten ist, nicht-a zu tun.) Satz 11 impliziert somit Satz 10 als die schwächere Behauptung, die ja, wie wir sahen, nur dahin geht, daß es *jemanden* gibt, für den es nicht zutrifft, daß er a tun sollte. Selbst Satz 11 erscheint im übrigen als eine mögliche Lesart von Satz 3; Satz 11 erfaßt natürlich nicht den in Satz 3 gemeinten Sinn von Satz 3^s, was aus Satz 3′ auch sprachlich hervorgeht.

Zusammenfassend können wir die Unterschiede sowie die Parallelen zwischen den Sätzen 3, 8, 10 und 11 – in den in ihren Symbolisierungen präzisierten Bedeutungen – folgendermaßen charakterisieren:

Zum einen: Satz 3 und Satz 8 erklären a für verboten. Satz 10 und Satz 11 dagegen erklären a für nicht geboten, womit offen bleibt, ob a verboten oder neutral ist.

Zum zweiten: Satz 3 und Satz 10 beziehen ihr Urteil über a auf zumindest eine Person. Satz 8 und Satz 11 dagegen beziehen ihr Urteil über a auf jedermann.

Satz 4: Es gibt zumindest eine Person, die nicht so handeln sollte wie A.

Ergibt sich nicht aus der Bedeutung von „jeder", „nicht jeder" und „zumindest einer" zwingend, daß Satz 4 aus Satz 3 (in der Bedeutung von Satz 3') logisch folgt? Läßt sich bestreiten, daß andererseits Satz 3 (in der Bedeutung von Satz 3') logisch aus den Sätzen 1 und 2 folgt? Ist somit nicht die Ableitung von Satz 4 aus den Sätzen 1 und 2 logisch korrekt?

Sie ist, dem Anschein zuwider, in Wirklichkeit nicht korrekt, und zwar wegen einer bisher unberücksichtigten Zweideutigkeit von „jeder". Diese Tatsache und die sich aus ihr ergebenden Konsequenzen für das Prinzip der Verallgemeinerung übersehen zu haben, ist der entscheidende Fehler von Singers Monographie.

Betrachten wir Satz 1 (Wenn jeder so handelte wie A, so wären die Folgen überwiegend schlecht) anhand unseres Beispiels f (Wenn jeder der Bundestagswahl fernbliebe, ...). Die Folgen wären hier keineswegs schlecht, wenn A der Wahl fernbliebe (und alle übrigen Wahlberechtigten gingen), *oder* wenn B der Wahl fernbliebe (und alle übrigen Wahlberechtigten gingen), *oder* wenn C der Wahl fernbliebe (und alle übrigen Wahlberechtigten gingen), usw. für jeden Wahlberechtigten. D. h. *jeder beliebige* Wahlberechtigte könnte *einzeln* der Wahl fernbleiben, ohne daß schlechte Folgen einträten. Diese treten vielmehr nur dann ein, wenn *alle* (oder doch die meisten) Wahlberechtigten *zusammen*, d. h. bei derselben Gelegenheit der Wahl fernbleiben. Unschädlich ist es, wenn A bei der Bundestagswahl$_1$, B bei der Bundestagswahl$_2$, C bei der Bundestagswahl$_3$ fernbleibt usw. Das Eintreten der schlechten Folgen hängt also davon ab, daß die einzelnen Ausführungen der Handlung a durch die Betreffenden *in einem bestimmten Zusammenhang* stehen.

In diesem Sinne aber ist Satz 1 nicht nur in Beispiel f, sondern notwendig in allen Fällen zu verstehen. Denn RU$_2$, dessen Prämisse Satz 1 darstellt, unterscheidet sich von RU$_1$, wie wir gesehen haben[43], ja gerade dadurch, daß RU$_2$ *nicht* erfordert, daß die durchschnittliche Ausführung von a, für sich genommen, schlechte Folgen hat. Wir bedienen uns zum Ausdruck dieses Umstandes der folgenden Terminologie: Satz 1 behauptet schlechte Folgen für den Fall, daß „jeder" im *kollektiven* Sinn a ausführt, nicht jedoch für den Fall, daß „jeder" im *distributiven* Sinn a ausführt.[44]

Für die logische Stringenz eines Argumentes ist es erforderlich, daß die vorkommenden Begriffe in Prämissen und Konklusion dieselbe Bedeutung haben. Demnach können wir Satz 3 aus den Sätzen 1 und 2 nur dann logisch ableiten, wenn wir „jeder" in Satz 3, wie in Satz 1, im kollektiven Sinn verstehen. Machen wir uns zunächst klar, worauf im Falle von Satz 3 der Unterschied zwischen einem distributiven und einem kollektiven Gebrauch von „jeder" genau hinausläuft. Daß es nicht der Fall sein sollte, daß jeder a tut (Satz 3'),

[43] S. 29 ff.

[44] Vgl. zu diesen Begriffen etwa I. M. Copi, Introduction to Logic, S. 80 ff. Der gleichen Zweideutigkeit wie „jeder" unterliegt „alle". Vgl. „Die (alle) Menschen sind sterblich". Das kann sowohl bedeuten, daß jeder einzelne Mensch sterblich ist, wie auch, daß die menschliche Rasse als ganze sterblich ist (d. h. „aussterben" wird).

führt im Wahlbeispiel zu der Aussage, daß nicht jeder Wahlberechtigte der Wahl fernbleiben darf. Die Zweideutigkeit dieser Aussage, je nach einem distributiven oder einem kollektiven Verständnis von „jeder", ist leichter zu übersehen als bei Satz 1 und gerade deshalb gefährlich. Daß nicht jeder, im distributiven Sinn, der Wahl fernbleiben darf, bedeutet, daß es nicht der Fall sein sollte, daß jeder beliebige einzeln der Wahl fernbleibt. D. h. unabhängig von der Wahlbeteiligung aller übrigen gibt es jemanden (d. h. eine oder mehrere Personen = zumindest einen), der wählen sollte. Entweder A sollte wählen, oder B sollte wählen, oder C sollte wählen usw. Mit anderen Worten: Es gibt zumindest eine Person, die wählen sollte (Konkretisierung von Satz 4).

Aus Satz 3, distributiv verstanden, folgt demnach Satz 4. Aber wir dürfen ja Satz 3 nicht distributiv verstehen, da wir beanspruchen, ihn aus Satz 1, kollektiv verstanden, abzuleiten. Folgt Satz 4 vielleicht auch aus Satz 3, kollektiv verstanden? Bevor wir uns dem kollektiven Verständnis von Satz 3 zuwenden, wollen wir uns einige Gedanken machen über eine mögliche Gewinnung von Satz 3, distributiv verstanden. Sie werden dazu beitragen, den Unterschied zwischen distributiver und kollektiver Bedeutung innerhalb der Ableitung von Satz 3 aus Satz 1 weiter zu erhellen.

Satz 3, distributiv verstanden, läßt sich aus Satz 1, kollektiv verstanden, wie gesagt, nicht ableiten. Aber aus welchem Satz ließe sich Satz 3, distributiv verstanden, ableiten? Man könnte meinen, er müßte die korrekte Folgerung sein aus Satz 1, distributiv verstanden. Eine Überprüfung dieser Annahme zeigt aber, daß sie falsch ist. Denn Satz 1, distributiv verstanden, würde lauten: Wenn jeder einzeln a ausführte, so wären die Folgen schlecht. D. h. jede einzelne Handlung der Klasse a hat schlechte Folgen. Diese Prämisse aber ergibt, zusammen mit Satz 2, eine weit stärkere Konklusion als Satz 3 (Jemand sollte a nicht tun); sie ergibt, daß jeder einzelne (d. h. jeder, distributiv verstanden) a nicht tun sollte. Sie ergibt also nichts anderes als unseren Satz 8. (Daß Satz 8 distributiv aufzufassen ist, folgt zwingend daraus, daß er, kollektiv verstanden, seine Funktion, Satz 9 zu implizieren, gar nicht erfüllen könnte. Es erhellt auch schon aus seiner obigen Gleichsetzung mit „Niemand sollte a tun".)

Ein Beispiel für die Ableitung von Satz 8 aus Satz 1, distributiv verstanden, wäre etwa: Die Folgen aggressiven Tötens – etwa in einem Angriffskrieg – sind schlecht (im Sinne von: Die Folgen jeder einzelnen Tötungshandlung zu Angriffszwecken sind schlecht). Daher sollte niemand zu Angriffszwecken töten. Gerade daß Satz 1, distributiv verstanden, jedoch *nicht* die Prämisse des Prinzips der Verallgemeinerung ist, macht die Gewinnung seiner Konklusion (Satz 9) aus Satz 1 (mit Satz 2) ja problematisch.

Zum Zwecke der Gewinnung von Satz 9 aus Satz 1, distributiv verstanden, wäre der gesamte Aufwand der Zwischenstufen 3 – 8 somit überflüssig. Gibt es eine schwächere Form von Satz 1, die, ohne unmittelbar zu Satz 9 zu führen, den Zwischenstufen eine Funktion ließe? D. h. wie müßte Satz 1 lauten, um (mit Satz 2) Satz 3, distributiv verstanden, zu ergeben? Er müßte etwa lauten: Es gibt eine Person, deren Handlung a schlechte Folgen hat. Aus diesem Satz (und Satz 2) würde folgen, daß nicht jeder (distributiv) a tun darf,

d. h. daß es, unabhängig vom Verhalten aller anderen, jemanden gibt, der a nicht tun sollte.
Eine solche Argumentation bzw. ihre Konklusion Satz 3 (distributiv verstanden) sind nun aber in der Praxis äußerst selten. Denn in aller Regel weiß man, sofern man eine Handlung sowie die negative Qualität ihrer Folgen kennt, auch, wer ihr Urheber ist. Und dementsprechend wird man sein ethisches Urteil über die Handlung nicht auf „jemand" beziehen, sondern auf den handelnden x. Außerdem ist es, sofern der Handelnde nicht bekannt ist und die Klasse jener, die für die Handlung infrage kommen, nicht in toto ansprechbar ist, unmöglich, „jemand" ethisch zu ermahnen. D. h. ein häufiger Anlaß zur Abgabe ethischer Urteile scheidet in diesem Falle gewöhnlich aus.
Trotzdem gibt es Fälle und Situationen, in denen wir, sei es zur ethischen Belehrung Dritter, sei es, daß alle jene, die für die Handlung infrage kommen, zusammen ansprechbar sind, Urteile der genannten Art abgeben. So ist es etwa denkbar, daß ich, mit meinem Sohn im Auto, mitten auf der Landstraße einen sperrigen Gegenstand sehe, der offenbar von einem Lastwagen gefallen ist, den Gegenstand beiseite schaffe und sage: „Das ist wirklich gefährlich; da hätte jemand besser achtgeben sollen". Oder ein Lehrer, der die Hausarbeiten seiner Schüler zur Korrektur einsammeln läßt und feststellt, daß noch ein Heft fehlt, könnte sagen: „Jemand sollte seine Hausarbeit noch abgeben". Kaum denkbar allerdings erscheint der Fall, in dem man ein derartiges Urteil unter Verwendung des distributiven „jeder" abfassen würde. (Der Lehrer unseres Beispiels würde gewiß nicht sagen: „Nicht jeder braucht seine Hausarbeit nicht mehr abzugeben".)

Aus alledem ergibt sich, daß jene Form von Satz 1, aus der Satz 3, distributiv verstanden, folgt, in der ethischen Argumentation des Alltags kaum eine Funktion hat.
Kehren wir zurück zu unserem Prinzip der Verallgemeinerung, und wenden wir uns der kollektiven Bedeutung von Satz 3 und ihrer Relation zu Satz 4 zu. Läßt sich Satz 4, der sich, wie wir sahen, ohne weiteres aus Satz 3, distributiv verstanden, ergibt, eventuell auch aus Satz 3, kollektiv verstanden, gewinnen? Hier liegt das Hauptproblem von Singers Ableitung; denn im kollektiven Sinn müssen wir ja Satz 3 auffassen, um seine logische Ableitung aus Satz 1 rechtfertigen zu können. Was bedeutet es also, daß nicht jeder im kollektiven Sinn a tun darf (Satz 3)?
Es bedeutet, entsprechend unseren obigen Ausführungen zum kollektiven Verständnis von Satz 1, daß es nicht der Fall sein sollte, daß alle Handlungen der Art a *in einem bestimmten Zusammenhang* (nämlich jenem Zusammenhang, der die schlechten Folgen entstehen läßt) ausgeführt werden. Das bedeutet in unserem Beispiel, daß es nicht der Fall sein sollte, daß sowohl A wie B wie C wie alle übrigen Wahlberechtigten bei derselben Bundestagswahl der Wahl fernbleiben. D. h. nicht alle dürfen zusammen der Wahl fernbleiben. Damit wird nicht gesagt – wie im Fall des distributiven „jeder“ –, daß entweder A wählen sollte (selbst wenn alle übrigen ebenfalls wählen) oder B wählen sollte (selbst wenn alle übrigen ebenfalls wählen) oder C wählen sollte (selbst wenn alle übrigen ebenfalls wählen) usw. D. h. es wird nicht gesagt, daß zumindest einer der Wahlberechtigten wählen sollte, *unabhängig* davon, ob die übrigen wählen.
Folgende Symbolisierung mag dazu beitragen, den Unterschied zwischen dem distributiven und dem kollek-

tiven Verständnis von „nicht jeder darf a tun" deutlich zu machen. (Wir führen neben den schon eingeführten Symbolen[45] noch ein: „(∃ x)" : „es gibt eine Person x, von der gilt".)

4^{1s}: (∃ x) V [x tut a]

Dieser Satz besagt, daß es eine Person gibt, die nicht a tun sollte (= nicht a tun darf). Er ist gleichbedeutend mit „nicht jeder darf a tun" im distributiven Sinn.

4^{2s}: V ¬ (∃ x) ¬ [x tut a]

Dieser Satz besagt, daß es nicht der Fall sein sollte, daß es nicht eine Person gibt, die nicht a tut. (In unserem Beispiel: Es sollte nicht der Fall sein, daß es nicht eine Person gibt, die wählt.) Er ist gleichbedeutend mit „nicht jeder darf a tun" im kollektiven Sinn.

Satz 4^2 unterscheidet sich insofern von Satz 4^1, als Satz 4^2 *den Zustand* fordert, daß eine Person nicht a tut, Satz 4^1 dagegen *von einer* (bestimmten) *Person* fordert, daß *sie* nicht a tut. Diesen Unterschied mit allen Konsequenzen zu begreifen, ist äußerst wichtig. Satz 4^1 ist gleichbedeutend mit Satz 3, distributiv verstanden, und trifft gleichzeitig genau den Sinn unseres alltagssprachlichen Satzes 4: Es gibt jemanden, der nicht so handeln sollte wie A. Diese unsere Fassung von Satz 4 läßt sich dagegen aus Satz 4^2 nicht gewinnen! Indem Satz 4^2 einen *Zustand* verbietet, in dem alle a tun, verbietet er nicht *jemandem* (d. h. einer bestimmten Person), a zu tun. Denn es ist ja möglich, daß etwa C, D und E ohnehin nicht a tun. Damit wäre dann zwar die Forderung von Satz 4^2 erfüllt. Damit wäre aber keineswegs gesagt, daß C oder D oder E etwa nicht a tun *sollte*. Jeder von ihnen könnte ja ebensogut unabhängig

[45] Siehe oben S. 83.

von den anderen beiden nicht a tun, und die Forderung von Satz 4^2 *bliebe* erfüllt. D. h. insofern die Möglichkeit besteht, daß jeder einzelne ohnehin nicht a tut, läßt sich von niemandem sagen, er *solle* nicht a tun.

Nehmen wir an, ich habe Besuch von 5 Freunden und besitze ein Auto, in dem 5 Personen Platz finden. Dann könnte ich sagen: „Ich kann nicht alle (gleichzeitig) nach Hause bringen." (Denn einen Platz nehme ich ja als Fahrer in Anspruch.) Daraus folgt dann zwar, daß nicht alle (gemeinsam) in mein Auto steigen sollten; es folgt aber nicht, daß einer unter ihnen ist, der nicht in mein Auto steigen sollte. Denn es ist ja möglich, daß C ohnehin zu Fuß geht. Dann ist meine Forderung erfüllt, ohne daß ich sagen könnte, daß gerade C zu Fuß gehen sollte. (Denn die Sätze „C geht zu Fuß" und „C braucht nicht zu Fuß zu gehen" sind durchaus miteinander vereinbar.) Und noch unsinniger erschiene es, von einem der anderen zu sagen, daß er zu Fuß gehen sollte; C geht ja schon zu Fuß.

„Es sollte der Fall sein, daß entweder A oder B oder C nicht a tut" (Satz 4^2) ist eben nicht dasselbe wie „Entweder A oder B oder C sollte nicht a tun" (Satz 4^1). Der *deskriptive* Satz „C tut nicht a" ist ausreichend, den Sollensanspruch von Satz 4^2 zu erfüllen. Allein Satz 4^1 ist es, der einen *normativen* Satz von der Form „C soll nicht a tun" erfordert.

Nehmen wir in unserem Beispiel etwa an, einer meiner Freunde hat im Laufe des Abends erzählt, sein Arzt habe ihm verordnet, täglich vor dem Schlafengehen einen ausgedehnten Spaziergang zu machen. Ich habe vergessen, wer dieses erzählt hat, und sage beim Aufbruch: „Einer von euch sollte ja zu Fuß gehen." Dieser Satz ist von der Form 4^1. Denn es steht fest, daß ent-

weder A zu Fuß gehen sollte oder B zu Fuß gehen sollte usw. Insofern gibt es einen, der zu Fuß gehen sollte. Und zwar gilt dieses unabhängig davon, ob die andern zu Fuß gehen oder nicht: Nicht jeder, distributiv verstanden, darf mit dem Auto fahren.
Satz 4 (Es gibt jemanden [= zumindest eine Person], die nicht a tun sollte) wurde im übrigen mit Absicht so formuliert, daß er eindeutig im Sinne von Satz 4¹ verstanden werden muß. Denn allein in diesem Sinne läßt sich Satz 4 für die weitere Ableitung unseres Prinzips heranziehen: Der Vordersatz von Satz 5 (Was eine beliebige Person x tun sollte, . . .) setzt voraus, daß es irgendeine, konkrete Person gibt, welche die entsprechende Verpflichtung hat; nicht bloß daß irgendein Zustand vermieden werden sollte, dessen Vermeidung von einem Kollektiv abhängt (Satz 4²; man kann in diesem Sinne von einer „kollektiven Verpflichtung" sprechen[46].)
Es verdient Interesse, daß durch eine nur geringfügige Umformulierung Satz 4 dieselbe Zweideutigkeit gewinnt, wie Satz 3 sie besitzt, d. h. offen wird für beide Lesarten 4¹ und 4². Gemeint ist das, natürlicher als unsere Ausgangsformulierung klingende, „Jemand sollte nicht a tun". Diese Formulierung kann sowohl besagen „es gibt jemanden, der nicht a tun sollte" (Satz 4¹) wie auch „es sollte der Fall sein, daß jemand nicht a tut" (Satz 4²).
Unsere Beispiele belegen diese Doppeldeutigkeit. So konnte „einer sollte nicht mit dem Auto fahren (d. h.

[46] Unter welchen genauen Voraussetzungen es überhaupt sinnvoll ist, solchermaßen kollektive Verpflichtungsurteile abzugeben, kann hier nicht weiter verfolgt werden. (Betrachte etwa „Kommen Sie bitte zahlreich zu unserer Hauptversammlung".)

zu Fuß gehen)“ sowohl im Fall, daß nicht alle Freunde im Auto Platz finden, wie im Fall, daß einer der Freunde aus gesundheitlichen Gründen zu Fuß gehen sollte, durchaus idiomatisch verwendet werden. Der Unterschied in der Bedeutung von „einer (jemand)“ liegt darin, daß es im ersten Fall prinzipiell unbestimmbar ist, welche Person gemeint wäre: Es ist eben keine bestimmte Person gemeint; „jemand“ hat den bloß numerischen Sinn von „eine Person der Anzahl nach“. Im zweiten Fall dagegen ist die gemeinte Person durchaus bestimmbar, wenn auch dem Redenden (aus Mangel an Wissen) unbekannt. Diese beiden Bedeutungen von „jemand“ finden sich übrigens in deskriptiven ebenso wie in normativen Sätzen.[47] Im ersten Sinn will etwa ein Zugschaffner verstanden werden, der im Gang eines Schnellzugs sagt: „Jemand kann in Abteil 5 noch einen Sitzplatz finden.“ In der zweiten Bedeutung dagegen verwende ich „jemand“ z. B. in dem Satz „Jemand hat mir die Geldbörse gestohlen“.

Nach alledem müssen wir feststellen, daß Satz 4 im Sinne unserer Formulierung – in dem allein er als Prämisse für die weiteren Stufen unserer Ableitung tauglich ist – aus unseren Prämissen 1 und 2 *nicht* logisch folgt. Damit ist das Ergebnis unserer Prüfung des Singerschen Versuches, Satz 9 aus den Prämissen 1, 2, 5 und 7 logisch abzuleiten,[48] negativ ausgefallen. Trotzdem wäre es vorschnell, die Untersuchung dieser Ableitung an dieser Stelle abzubrechen. Denn Singers Argu-

[47] Für weitere normative Beispiele im zweiten Sinn siehe oben (S. 90) und im ersten Sinn alle jene Fälle, in denen unser Prinzip der Verallgemeinerung einschlägig ist (etwa „zumindest einer sollte zur Wahl gehen“).

[48] Vgl. oben S. 55 f.

mentation läßt sich, wie wir sogleich sehen werden, durch eine zusätzliche Prämisse in einer Weise ergänzen, daß Satz 4 tatsächlich aus den Sätzen 1 und 2 folgt. Die Funktion der zusätzlichen Prämisse wird es, genauer gesagt, sein, zusammen mit Satz 4^2 (der ja, über Satz 3, aus den Sätzen 1 und 2 folgt) die Gewinnung von Satz 4 (der ja die Bedeutung von Satz 4^1 hat) zu ermöglichen. Die Einführung einer derartigen zusätzlichen Prämisse ist natürlich nur insofern sinnvoll, als ihre Annahme zumindest in einigen jener Fälle, in denen eine Heranziehung des Prinzips der Verallgemeinerung infrage kommt, auch gerechtfertigt ist. Für eben diese Fälle steht Singers Ableitung damit weiter zur Diskussion.

Am einfachsten kommen wir auf die gesuchte zusätzliche Prämisse, wenn wir uns klar machen, warum Satz 4 aus Satz 3 (allein) nicht ableitbar ist. Der Grund liegt, wie wir sahen, darin, daß die Möglichkeit besteht, daß einer ohnehin nicht a tut. Denn dann ist die ethische Forderung von Satz 3 (bzw. Satz 4^2) erfüllt, ohne daß sich sagen ließe, der Betreffende oder irgendjemand anders sei *verpflichtet*, nicht a zu tun. Diese Möglichkeit scheidet jedoch aus, wenn wir als weitere Prämisse unserer Ableitung Satz 0 einführen.

Satz 0: Jeder handelt wie A (tut a).

Wenn alle de facto a tun, dann scheint Satz 3 (bzw. Satz 4^2) für zumindest einen von ihnen zu ergeben, daß er nicht a tun sollte. Denn Satz 3 besagt ja, daß der Zustand, in dem jeder a tut, nicht vorliegen sollte. Die einzige Weise, diesen Zustand zu vermeiden, besteht aber darin, daß zumindest einer nicht a tut. Jeder, der a tut, könnte den Zustand vermeiden, dadurch daß er nicht a tut. Da der Zustand jedoch de facto nicht vermieden wird, trifft es auf zumindest einen von denen, die ihn vermeiden könnten, zu, daß er ihn auch vermeiden sollte. Andernfalls wäre die Sollensforderung von Satz 3 völlig leer.

Diese Argumentation erscheint auf den ersten Blick stichhaltig, hat aber, streng genommen, eine logische Lücke.[49] Denn daraus, daß jemand den Zustand vermeiden sollte, daß alle a tun, folgt nicht ohne weiteres, daß er selbst nicht a tun sollte. Es wäre ja denkbar, daß er das geforderte Ziel in der Form erreicht, daß er irgendeinen anderen hindert, a zu tun. Streng genommen, können wir aus den Sätzen 0 und 3 also nur ableiten, daß jemand *den Zustand herbeiführen sollte*, in dem nicht jeder a tut. Um darüber hinaus ableiten zu können, daß jemand selber a tun sollte, benötigen wir die zusätzliche Prämisse, daß für jeden die einzige Möglichkeit, zu vermeiden, daß jeder a tut, darin besteht, selbst nicht a zu tun. Diese Prämisse aber wird in aller Regel, zumindest in leicht abgeschwächter Form, erfüllt sein; d. h. in aller Regel wird das geeignetste, wenn schon nicht einzige Mittel, zu vermeiden, daß jeder a tut, für den einzelnen darin bestehen, seinerseits nicht a zu tun. Unter dieser (plausiblen) Voraussetzung läßt sich also Satz 4 in der Tat aus den Sätzen 0 und 3 gewinnen.

c. Der Kreis der von der individuellen Verpflichtung Betroffenen

Satz 8: Jeder sollte nicht so handeln wie A.

Mit der Gewinnung von Satz 4 scheint der Weg frei zu

[49] Sie wird übersehen von J. H. Sobel, Generalization Arguments, Theoria 31 (1965), S. 53 ff.

sein für die weiteren Stufen von Singers Argumentation zur Ableitung von Satz 8 bzw. Satz 9: Aus Satz 4 sowie dem Gleichheitsprinzip von Satz 5 folgt Satz 6, der, zusammen mit Satz 7, Satz 8 ergibt. Ob die Argumentation zwingend wäre, hinge allein ab von der Plausibilität des Satzes 7 (der ja, mit seiner Behauptung, daß die Anwendungsvoraussetzungen von Satz 6 vorliegen, zu den Prämissen der Ableitung zählt[50]). Es käme also darauf an, ob jeder (distributiv verstanden), dessen Handlung durch „a“ erschöpfend charakterisiert wird, ethisch gesehen, sich in den gleichen Umständen befindet wie jene Person, die nicht a tun sollte. Dabei liegen die Umstände, deren ethische Relevanz zur Debatte steht, hier allein darin, ob bzw. inwieweit Handlung a de facto allgemeine Praxis ist. Mit anderen Worten, es kommt darauf an, ob der Umstand, daß jeder im kollektiven Sinn a tut, von Bedeutung ist für die Frage, ob jeder im distributiven Sinn nicht a tun sollte.

Zwei Möglichkeiten lassen sich im Hinblick auf diesen Umstand unterscheiden. Erstens kann es der Fall sein, daß, wie Satz 0 besagt, alle a tun oder doch soviele a tun, daß die gefürchteten schlechten Folgen tatsächlich eintreten. (Etwa: Die Demokratie bricht zusammen, weil die meisten der Wahl fernbleiben.) Und zweitens kann es der Fall sein, daß niemand a tut oder doch nur so wenige a tun, daß diese Folgen tatsächlich nicht eintreten. (Etwa: Eine für den Bestand der Demokratie ausreichende Mehrheit der Wahlberechtigten geht zur Wahl.) Von beiden einander ausschließenden Typen von Umständen ist nun zu diskutieren, ob sie sich in rele-

[50] Siehe oben S. 55.

vanter Weise von den Umständen dessen unterscheiden, den Satz 4 verpflichtet, nicht a zu tun. Sofern sie sich nicht unterscheiden, scheint jeder, der unter ihnen handelt, ebenfalls verpflichtet zu sein, nicht a zu tun. (Daß wir Satz 4 unter der Voraussetzung gewonnen haben, daß alle a tun [Satz 0], schließt nicht aus, daß selbst unter der zweiten Voraussetzung, daß niemand a tut, jeder, und damit auch das Subjekt von Satz 4, nicht a tun *sollte*. Denn wir haben zwar Satz 4 aus Satz 0 abgeleitet; wir haben damit aber nicht angenommen, daß Satz 4 *nur* unter der Bedingung von Satz 0 Geltung hat.)

aa. Befindet sich also jeder, der in einer Lage a tut, in der alle a tun, in denselben Umständen wie jene eine Person, die Satz 4 verpflichtet, nicht a zu tun? Die Antwort ist positiv und trivial; denn die von Satz 4 erfaßte Person befindet sich ja in den von Satz 0 beschriebenen, also eben den Umständen, daß jeder a tut. Interessant ist nun aber, daß sich das Ergebnis, daß unter diesen Umständen jeder nicht a tun sollte, eigentlich ohne eine Heranziehung des Gleichheitsprinzips von Satz 5, nämlich allein aus den Sätzen 3 (bzw. 4^2) und 0, ebenso gut gewinnen läßt. Denn Satz 4^2 besagt, daß es nicht der Fall sein sollte, daß jeder (im kollektiven Sinn) a tut. Man muß aber annehmen: *Jeder* (im distributiven Sinn) sollte sich dafür verantwortlich fühlen, *dafür sorgen* (d. h. das Nötige und ihm Mögliche tun), einen Zustand zu verhindern, der nicht bestehen sollte.[51] D. h. jeder (distributiv) sollte dafür

[51] Soviel gilt sogar ohne die Voraussetzung von Satz 0. (Für eine wichtige Folgerung siehe unten S. 118 ff.) Allerdings folgt, wie gezeigt, ohne diese Voraussetzung nicht, daß jeder (oder auch nur ein irgendwie Bestimmter) nicht a *tun* sollte.

sorgen, daß nicht jeder (kollektiv) a tut. Zieht man diese Folgerung nicht, so ist es schwer zu sehen, worin der ethische Sinn einer derartigen Aussage, ein bestimmter Zustand solle nicht bestehen, überhaupt liegen könnte.

Nehmen wir etwa an, ich sehe zusammen mit einer Gruppe von Spaziergängern einen Menschen in einem See ertrinken und sage „man sollte ihn retten“ oder „er muß gerettet werden“. Wie wäre dieser Satz zu verstehen, wenn ich mit ihm nicht sagen wollte, daß *jeder* in der Gruppe verpflichtet ist, das Nötige und ihm Mögliche zur Rettung zu unternehmen? Das bedeutet aber, daß *jeder* verpflichtet ist, sofern kein anderer Anstalten zur Rettung macht, entweder selbst die Rettung durchzuführen oder, sofern er hierzu ungeeignet ist, unter den Umstehenden eine geeignete Person zur Rettung zu bewegen. Das heißt, daß unter der Voraussetzung von Satz 0, daß keiner nicht a tut (keiner den Ertrinkenden nicht ertrinken läßt = keiner ihn rettet) und jeder nicht a tun könnte (jeder ihn retten könnte), *jeder* in der Tat nicht a tun sollte (d. h. genauer, nicht a hätte tun sollen: jeder ihn hätte retten sollen[52]).

Der Tatsache, daß unter der Voraussetzung von Satz 0 ohne weiteres *jeder nicht a tun sollte*, entspricht es, daß in diesem Falle der „irgendeiner (zumindest einer)“ von Satz 4 prinzipiell nicht bestimmbar ist. Das liegt hier, anders als bei Satz 4^2, nicht daran, daß „einer“

[52] Wir können diese Genauigkeit im Tempus ohne Gefahr vernachlässigen. Die Rechtfertigung eines ethischen Urteils ist unabhängig davon, ob es *vor* oder *nach* der beurteilten Handlung abgegeben wird. (Ein Umstand übrigens, den gewisse Formen der metaethischen Theorie des „Emotivismus“ kaum erklären können!)

im numerischen Sinn gemeint wäre,[53] sondern vielmehr daran, daß jeder dieser „einer“ ist, da keiner eine in irgendeiner Weise ausgezeichnete Position besitzt.

Wir kommen nach alledem zu dem Ergebnis, daß unter der Voraussetzung, daß alle a tun, jeder einzelne nicht a tun sollte. Betrachten wir anhand von Beispielen die Implikationen dieses Ergebnisses. (Entscheidend ist, wie gesagt, nicht, daß „alle“ im buchstäblichen Sinne a tun, sondern daß so viele a tun, daß die zu vermeidenden schlechten Folgen jedenfalls eintreten.) Nehmen wir also in unserem Wahlbeispiel an, daß so wenige wählen, daß die Demokratie ohnehin nicht mehr zu retten ist; oder in unserem Rasenbeispiel, daß soviele den Rasen überqueren, daß er an der betreffenden Stelle ohnehin nicht mehr wächst. Satz 8 führt in diesen Fällen zu der Forderung, jeder *sollte* wählen bzw. den Rasen nicht überqueren, und zwar jeder im distributiven Sinn, d. h. unabhängig vom Verhalten aller anderen.

Diese Forderung will dem ethischen Common Sense kaum einleuchten: Er wendet das Prinzip der Verallgemeinerung ja, wenn überhaupt, gerade dort an, wo die unliebsamen Konsequenzen de facto vermieden werden. (Es ist kein Zufall, daß Satz 1 im Irrealis formuliert ist: Wenn jeder so handelte, so wären die Folgen schlecht!) Er würde jedoch nicht darauf verfallen, das Prinzip auch dort heranzuziehen, wo die genannten Konsequenzen Wirklichkeit sind. Sollten wir wirklich, aufgrund unserer Ableitung, gezwungen sein, das Prinzip der Verallgemeinerung jedenfalls in solchen Fällen für anwendbar zu erklären und damit den einzelnen

[53] Vgl. oben S. 95.

für verpflichtet zu halten, ein Opfer zu bringen für eine ohnehin verlorene Sache?[54]

Der Ausweg dürfte in folgender Überlegung zu suchen sein: Die Folgen sind nicht nur schlecht, wenn alle nicht wählen bzw. den Rasen nicht verschont lassen. Sie sind auch schlecht, wenn nur einer oder wenige wählen bzw. den Rasen verschonen. Also sollte auch dieser Zustand vermieden werden. Nehmen wir nun, in Übereinstimmung mit Satz 0, an, daß de facto einige (sagen wir, 5% der Wahlberechtigten) wählen. Natürlich könnte dieser Zustand vermieden werden, wenn „zumindest einer" (d. h. aber jeder einzelne) der *de facto nicht* Wählenden *wählte*. Genau dieser Zustand könnte aber auch dadurch vermieden werden, daß „zumindest einer" (d. h. wiederum jeder einzelne) der *de facto* Wählenden *nicht wählte*.

Nun ist zwar die Vermeidung des Zustandes in Richtung auf eine allgemeine Beteiligung ohne Zweifel der Vermeidung in Richtung auf eine allgemeine Abstinenz vorzuziehen. Es scheint also, daß es selbst bei 5%-iger Wahlbeteiligung dabei bleibt, daß jeder wählen sollte. Dabei bliebe aber unberücksichtigt, daß der Zustand,

[54] Nicht zu verwechseln ist hiermit etwa der Fall, in dem der KZ-Wärter Unschuldige tötet, die ohnehin (von einem anderen Wärter) getötet worden wären. Er handelt ethisch falsch, weil seine isolierte Handlung schlechte Folgen hat; diese treten ein *unabhängig* von der allgemeinen Praxis der Tötung von KZ-Insassen. Daß er sich nicht etwa deshalb schuldig macht, weil er an einer allgemeinen Praxis mit schlechten Folgen beteiligt ist, geht auch aus folgendem hervor: Es spricht zumindest einiges dafür, ihn für ethisch gerechtfertigt zu halten, Tötungen „human" durchzuführen, die sonst ein anderer mit äußerster Brutalität durchgeführt hätte. – Das Problem liegt hier nicht im Vorliegen einer allgemeinen Praxis, sondern im Einfluß der entsprechenden Handlung eines Dritten auf die Kausalität bzw. die Verwerflichkeit der schadensstiftenden Tat.

daß 5% wählen, nicht nur schlechter ist als jener Zustand, in dem die meisten wählen und dadurch die Demokratie funktionsfähig erhalten, sondern auch schlechter ist als jener Zustand, in dem niemand wählt. Denn die 5% bringen ihren Wahlaufwand an Zeit und Energie umsonst: Die allgemeine Utilität wäre unter den gegebenen Umständen größer, wenn auch sie zu Hause blieben![55] (Entsprechend: Daß einige den ohnehin demolierten Rasen umgehen, hat, insgesamt gesehen, nur Nachteile.) Da der Utilitarismus nun aber die Forderung stellt, die jeweils schlechtere Alternative zu vermeiden, impliziert er in der gegebenen Situation, daß es in erster Linie der Fall sein sollte, daß die meisten wählen und in zweiter Linie – sofern die erste Forderung nicht erreichbar ist –, daß niemand wählt!

Das bedeutet aber, daß unsere obige Ableitung, jeder müsse dafür sorgen, daß mindestens einer nicht a tut, unvollständig und daher irreführend war. In Wirklichkeit folgt aus Satz 3, daß jeder dafür zu sorgen hat, daß mindestens genügend Personen (genügend zur Vermeidung der gefürchteten Folgen) nicht a tun, *sowie*, daß niemand nicht a tut (jeder a tut), sofern nicht zu erreichen ist, daß genügend Personen nicht a tun.[56] Daß genügend Personen nicht a tun, kann jeder im Regelfall aber nicht allein dadurch erreichen, daß er selbst nicht a tut. (Der einzelne hat es im Normalfall nicht in der

[55] Selbst wenn man daraus nicht ableiten möchte, daß sie zu Hause bleiben *sollten* (im ethischen Sinn), da es sich allein um die Wahrnehmung eigener Interessen handelt, wird man immerhin folgern müssen, daß sie zu Hause bleiben *dürfen,* d. h. daß es nicht der Fall ist, daß sie wählen sollten.

[56] Dazu daß diese Forderung selbst gilt, wenn Satz 0 nicht zutrifft, vgl. oben S. 99 Fußnote 51.

Hand, wieviele Personen den Rasen überqueren.) Und zwar ist das ganz unabhängig davon, ob de facto alle a tun oder nicht. Auch die Einführung von Prämisse O rechtfertigt demnach, entgegen unserer obigen Annahme, nicht den Schluß, jeder (oder auch „irgendeiner") solle nicht a tun. Denn es ist möglich, daß dadurch, daß einer („jeder" im distributiven Sinn) nicht a tut, der schlechte Zustand, daß jeder (im kollektiven Sinn) a tut, nur zugunsten des noch schlechteren Zustandes vermieden wird, daß einige, aber nicht genügend nicht a tun.

Etwas anderes gilt allerdings in jenen Fällen, in denen das Handeln einer einzigen Person genügt, um die besagten Folgen – und zwar im optimalen Sinne – zu vermeiden. So ist es im Beispiel des Ertrinkenden ausreichend, wenn einer der Spaziergänger, sofern er ein guter Retter ist, ins Wasser springt. Hier ist es nicht möglich, daß jemand das Opfer bringt, nicht a zu tun, ohne daß dadurch die gefürchteten Konsequenzen vermieden werden. Hier gilt also, unter der Voraussetzung, daß alle a tun,[57] tatsächlich, daß jeder a nicht tun sollte. (Dasselbe muß gelten, wenn zwar mehr als eine Person nicht a tun muß, damit die schlechten Folgen vermieden werden, de facto aber gerade so viele Personen a tun, daß nur eine von ihnen nicht a zu tun brauchte, um die schlechten Folgen zu verhindern. Auch hier sollte jeder von denen, die a tun, nicht a tun.)

Die interessante Folgerung aus alledem ist: Vorausgesetzt, daß die schlechten Folgen davon, daß jeder a tut, eintreten, so hatte zwar dann *jeder* die Verpflichtung,

[57] Ohne diese Voraussetzung läßt sich auch hier niemandem eine Verpflichtung zuschreiben, nicht a zu tun, da vielleicht irgendeiner ohnehin nicht a tut (vgl. zu diesem Argument oben S. 92 f.)

nicht a zu tun, wenn *einer* (im numerischen Sinn) diese Folgen vermeiden konnte, nicht aber, wenn nur *mehrere* sie vermeiden konnten. Dieses Ergebnis stimmt überein mit der landläufigen Heranziehung des Prinzips der Verallgemeinerung: Angesichts der tatsächlich vorliegenden schlechten Folgen einer allgemeinen Praxis a wird es dem einzelnen gewöhnlich nur dann entgegengehalten, wenn einer (und damit auch er allein) diese Folgen durch nicht a verhindern könnte, nicht aber, wenn zu diesem Zweck mehrere nicht a tun müßten. Auf das beschwichtigende „warum gerade ich?“ des einzelnen wird man etwa dann „das kann doch jeder sagen“ antworten, wenn keiner meiner fünf Gäste darauf verzichten will, im Auto nach Hause gebracht zu werden, nicht aber, wenn niemand bereit ist, auf die Abkürzung über den erholungsbedürftigen Rasen zu verzichten. Daß das Prinzip der Verallgemeinerung insoweit lediglich ein Ergebnis untermauert, das schon aus dem Prinzip des Handlungsutilitarismus folgt,[58] wird uns noch beschäftigen.

bb. Wir müssen nun Satz 7 im Hinblick auf die zweite mögliche Alternative untersuchen: Befindet sich jeder, der in einer Lage a tut, in der alle bzw. die meisten nicht a tun, in denselben Umständen wie jene eine Person, die Satz 4 verpflichtet, nicht a zu tun? Dieses ist in der Tat die gegenüber der ersten Alternative weit wichtigere Frage. Mit ihr steht und fällt Singers Ableitung des Prinzips der Verallgemeinerung. Denn nur in den

[58] Etwas anderes war nicht zu erwarten, da bei der Begründung des Ergebnisses das Prinzip der Gleichheit ja außer Betracht bleiben konnte. (Vgl. oben S. 99 f.)

hier zur Debatte stehenden Fällen, in denen die befürchteten schlechten Folgen de facto *nicht* eintreten (etwa: Nur wenige Wahlberechtigte bleiben der Wahl fern: daher funktioniert die Demokratie), wird das Prinzip der Verallgemeinerung, wie wir sahen, tatsächlich häufig herangezogen.

Bevor wir den Vergleich anstellen, müssen wir allerdings, was Satz 4 betrifft, eine Einschränkung vornehmen. Satz 4 gilt, wie wir soeben feststellen mußten, selbst unter der Voraussetzung von Satz 0, nur bedingt; er gilt nur, wenn eine Person ausreichend ist, um die schlechten Folgen der allgemeinen Praxis a zu verhindern. Wir dürfen also nicht fragen, ob jeder, in dessen Umgebung genügend Personen nicht a tun, so daß schlechte Folgen ausbleiben, sich ethisch in denselben Umständen befindet wie einer, in dessen Umgebung genügend Personen a tun, so daß schlechte Folgen eintreten. (Unter diesen Voraussetzungen wären die Handlungen der beiden Vergleichspersonen, handlungsutilitaristisch gesehen, gleichermaßen neutral!) Unsere Frage muß vielmehr lauten, ob jeder, in dessen Umgebung genügend Personen nicht a tun, so daß schlechte Folgen ausbleiben, sich ethisch in denselben Umständen befindet wie einer (d. h. jeder), der die schlechten Folgen einer tatsächlichen allgemeinen Ausführung von a verhindern könnte.

Genau *dieses* aber ist die Frage, die zwischen einer handlungsutilitaristischen und einer regelutilitaristischen Konzeption strittig ist. Denn der Handlungsutilitarist hält ja jeden für verpflichtet, stets nur so zu handeln, daß seine jeweilige Handlung als solche optimale Folgen hat. Daß jeder, der durch seine Handlung die schlechten Folgen einer allgemeinen Ausführung von a verhindern könnte, nicht a tun sollte, folgt also (auch) unmittelbar aus dem handlungsutilitaristischen Kriterium. Daß andererseits jemand selbst dann nicht a tun sollte, wenn seine Handlung keine schlechten Folgen vermeidet, da diese, dadurch daß die meisten nicht a tun, ohnehin vermieden werden, ist die eigentliche Forderung des regelutilitaristischen Kriteriums RU_2. Wollte man nun im Rahmen von Satz 7 behaupten, die Tatsache, daß nur in einer der beiden Handlungssituationen schlechte Folgen vermieden werden, sei ethisch irrelevant, stehe also der Annahme gleicher Umstände nicht im Wege, so wäre das nichts weiter als eine petitio principii zuungunsten des Handlungsutilitarismus, der ja gerade das leugnet, daß die Folgen der jeweiligen konkreten Handlung jemals ohne ethische Relevanz sind.

Eine Diskussion der ethischen Vergleichbarkeit der beiden fraglichen Handlungen würde gegenüber dem Ausgangsstreit zwischen den verschiedenen Formen des Utilitarismus allein dann eine neue Dimension gewinnen, wenn (wie Singer annimmt) jene Person, von der Satz 4 statuiert, daß sie nicht a tun sollte, dieser Verpflichtung selbst dann unterläge, wenn die meisten ohnehin nicht a tun, wenn ihre Handlung also als solche folgenlos bliebe. Eben diese Voraussetzung trifft aber nicht zu. Denn es hat sich als unmöglich erwiesen, im Rahmen von Satz 4 auch nur für eine einzige Person, unter welchen Umständen auch immer, eine individuelle Verpflichtung zu begründen, die nicht auch unmittelbar aus dem Prinzip des Handlungsutilitarismus folgt.

Nach alledem muß Singers Versuch einer Gewinnung des Prinzips der Verallgemeinerung aus den (von ihm als fundamentaler angenommenen) Prinzipien des Handlungsutilitarismus und der Gleichheit im vollen Umfang als gescheitert bezeichnet werden.

2. *Ableitung aus dem Prinzip der Fairneß*

Wer das Prinzip der Verallgemeinerung nicht für unmittelbar evident hält – für diese Ansicht spricht immerhin, daß es von manchen in der ethischen Praxis des Alltags nicht einmal akzeptiert wird –, muß nach einer anderen Ableitung als der von Singer unternommenen Ausschau halten. Um zu sehen, welche Richtung eine solche Ableitung etwa nehmen könnte, wollen wir nun die typischen Situationen der üblichen Anwendung des Prinzips näher unter die Lupe nehmen. Es könnte sein, daß eine differenzierende Betrachtung Einschränkungen seiner Anwendbarkeit bloßlegt, die zu jenem sittlichen Prinzip einen Schlüssel liefern, das ihm vielleicht zugrunde liegt.
Wir haben schon gesehen, daß das Prinzip der Verallgemeinerung offenbar nur (oder jedenfalls fast nur) dort herangezogen wird, wo der Eintritt schlechter Folgen irreal ist. So wird man es zwar jemandem entgegenhalten, der eine noch unversehrte Rasenfläche überqueren möchte, kaum aber jemandem, der einen schon ausgetretenen Pfad über den Rasen als Abkürzung benutzen möchte. Warum macht man diesen Unterschied? Handlungsutilitaristisch betrachtet, ist ja die betreffende Einzelhandlung unter beiden Arten von Umständen gleichermaßen folgenlos und damit sittlich erlaubt: Im einen Fall kann sie den Schaden nicht herbeiführen, im anderen Fall nicht abwenden. Warum sollte die Hand-

lung dagegen, regelutilitaristisch betrachtet, da sie einer Klasse von Handlungen zugehört, die als allgemeine Praxis schädlich sind, nicht in *beiden* Fällen verboten sein? Man könnte den Grund für die unterschiedliche Beurteilung in folgendem zu sehen versuchen: Im einen Fall ist der Schaden als Folge einer allgemeinen Praxis schon eingetreten. Im anderen Fall aber können diese Praxis und mit ihr der Schaden noch vermieden werden. Mag es nun auch zu einer solchen Vermeidung ohnehin kommen, d. h. gleichgültig wie der gegenwärtige Adressat des Prinzips der Verallgemeinerung handeln wird, so ist es doch im Alltag oft nicht möglich, diese Tatsache mit hinreichender Gewißheit im voraus zu erkennen. Wählt A eine sich anbietende Abkürzung über den erst kürzlich angelegten Rasen, so wird man mangels näherer Anhaltspunkte immerhin mit der Möglichkeit rechnen, daß in Zukunft so viele Leute wie A handeln werden, daß der Rasen verdorben wird. Man wird insbesondere bedenken, daß A's Handlung für andere beispielgebend wirken kann, daß deren Handlung wiederum andere zur Nachahmung anregt, daß A's Handlung also durch eine lawinenartige Wirkung zu den unerfreulichen Folgen führen mag.
Ein Grund für die bevorzugte Heranziehung des Prinzips der Verallgemeinerung in den Fällen, in denen die Folgen einer allgemeinen Praxis bis dahin nicht eingetreten sind, könnte also in der Befürchtung liegen, ihr Eintreten sei, wenn auch nicht wahrscheinlich, so doch noch möglich, sowie in dem daraus resultierenden Bemühen, diesem Eintreten entgegenzuwirken. Es verdient Beachtung, daß es sich hier um eine Motivation handelt, die sich eigentlich gar nicht dem Prinzip der Verallgemeinerung verdankt, sondern vielmehr dem

handlungsutilitaristischen Prinzip *sowie* der Tatsache, daß empirische Voraussagen über die Zukunft nicht selten recht unsicher sind: Sollte sich die Befürchtung, A's Überquerung des Rasens mache Schule und führe damit schließlich zur Ruinierung des Rasens, bewahrheiten, so ist ja A's Handlung tatsächlich für die schlechten Folgen kausal geworden. Nach alledem würde sich die Bevorzugung des Prinzips der Verallgemeinerung im Falle, daß eine allgemeine Praxis der betreffenden Handlung (noch) nicht vorliegt, aus dem Bedürfnis erklären, sich möglichst zu versichern, daß es zu einer solchen Praxis nicht kommen wird. Die bloße, im Irrealis stehende Vorstellung einer allgemeinen Praxis wäre dagegen nicht bestimmend.

Daß diese Erklärung der Ratio des Prinzips der Verallgemeinerung jedoch allenfalls partiell gerecht wird, mag das folgende Beispiel zeigen:

Ein Männergesangsverein stellt bei seinen Treffen stets eine Spardose auf, in welche die Mitglieder freiwillig spenden. Der Ertrag dient zur Finanzierung des geplanten Vereinsausflugs in die Bundeshauptstadt. Die Höhe des hereingekommenen Betrages soll erst kurz vor dem für den Ausflug festgesetzten Termin bekanntgegeben werden. A hat den Auftrag, nach jedem Treffen die Spardose zu leeren und das Geld zu verwalten.

a) A stellt nach einigen Wochen fest, daß bis zu dem geplanten Termin mit Sicherheit genügend Geld zur Finanzierung des Ausflugs hereinkommen wird. Daraufhin sieht er selbst, obschon er zu den finanzkräftigsten Mitgliedern des Vereins gehört, in Zukunft von jeder Spende ab.

b) A stellt nach einigen Wochen fest, daß die Spenden so spärlich geflossen sind, daß an eine Finanzierung des Ausflugs nicht mehr zu denken ist. Er hört daraufhin auf, selbst zu spenden.

Auch in diesem Beispiel wird man A möglicherweise im Falle a (die schlechten Folgen treten nicht ein), aber kaum im Falle b (die schlechten Folgen treten ein) das Prinzip der Verallgemeinerung entgegenhalten. Anders als in dem vorhergehenden Beispiel läßt sich hier diese Bevorzugung des Prinzips bei der ersten Alternative indessen nicht damit erklären, daß zum Zeitpunkt der Handlung A's für das Eintreten der schlechten Folgen immerhin noch eine gewisse Möglichkeit besteht, und daß somit ein Beitrag seiner Handlung zu diesem Eintreten zu befürchten ist. Denn aufgrund der bisherigen Spenden steht ja schon fest, daß der Ausflug stattfinden kann.

Dasselbe gilt übrigens im Grunde auch etwa für das Beispiel der Bundestagswahl. Auch hier läßt sich aufgrund von Statistiken früherer Wahlen und Meinungsumfragen mit hoher Wahrscheinlichkeit – wenn schon nicht mit absoluter Sicherheit – voraussagen, daß eine für das Funktionieren der Demokratie ausreichende Zahl von Bürgern an der Wahl teilnehmen wird. Trotzdem hält man dem einzelnen (A), der aus Faulheit der Wahl fernbleiben möchte, das Prinzip der Verallgemeinerung entgegen. Wie kommt man dazu, dieses auch in Fällen wie den beiden letzten zu tun?

Der Grund dürfte darin liegen, daß sich A hier eine Ausnahmestellung anmaßt, daß er gleichsam auf Kosten anderer schmarotzt. Es erscheint sinnvoll, eine mögliche ethische Regel, die ein derartiges Verhalten verbietet, als *„Prinzip der Fairneß"*[59] zu bezeichnen.

[59] So etwa D. Lyons, Forms and Limits of Utilitarianism, S.

Dieses Prinzip erklärt es für unsittlich, die Früchte eines von mehreren getragenen Unternehmens zwar zu genießen, die Lasten oder Opfer, die mit diesem Unternehmen notwendig verbunden sind, aber allein den anderen zu überlassen. Genau das würde A ja tun, nähme er zwar an dem Vereinsausflug teil, überließe die Finanzierung aber ausschließlich anderen, oder genösse er zwar die Vorzüge eines demokratischen Systems, drückte sich aber vor den Unannehmlichkeiten.[60]
Das so verstandene Prinzip der Fairneß würde dagegen nicht eingreifen, wenn a die allgemeine Praxis ist und dementsprechend die schlechten Folgen Wirklichkeit sind. Denn unter dieser Voraussetzung kann von der Anmaßung einer Ausnahmestellung nicht die Rede sein; und die Vorteile des gemeinsamen Unternehmens – von denen die Fairneß verlangt, daß sie nur denen zugute kommen, die auch die Nachteile tragen – kommen gar nicht zustande. Das Prinzip der Fairneß ist also tatsächlich geeignet, die gewöhnlich unterschiedliche Einstellung zum Prinzip der Verallgemeinerung, je nachdem ob die schlechten Folgen eintreten oder nicht, überzeugend zu erklären.

Daß das Fairneßprinzip den diskutablen Kern des Prinzips der Verallgemeinerung trifft, mag auch folgendes Beispiel deutlich machen, das einen weiteren Aspekt der beiden Prinzipien beleuchtet:

Die meisten von uns würden ein Aussterben der mensch-

161 ff. Man könnte der Sache nach ebenso von einem „Prinzip der Gerechtigkeit" sprechen. Allerdings ist der gewöhnliche Bedeutungsspielraum dieses Begriffes so groß, daß die Wahl des Begriffes „Fairneß" vielleicht weniger Mißverständisse entstehen läßt.

[60] Vgl. in diesem Zusammenhang auch die Beispiele der Steuerzahlung und der Ableistung des Wehrdienstes.

lichen Rasse als in hohem Maße unerwünscht ansehen. Diese Folge wäre aber unvermeidlich, wenn jeder sich weigerte, Kinder zu haben. Daher, so könnte man versucht sein zu argumentieren, sollte niemand kinderlos bleiben, soweit einige offensichtlich relevante Umstände auf ihn zutreffen. D. h. etwa jeder, der physisch, psychisch und finanziell in der Lage ist, Kinder zu haben und aufzuziehen, sowie der in einem Lande lebt, das nicht an Überbevölkerung leidet, sollte Kinder haben.
Insofern in diesem Beispiel genügend Leute nicht a tun, daß die unerwünschten Folgen de facto ausbleiben, sollte man meinen, das Prinzip der Verallgemeinerung sei anwendbar. Trotzdem erscheint uns seine Heranziehung hier zumindest ungewohnt, und sein Ergebnis, jeder sei – unter den angeführten Einschränkungen – sittlich *verpflichtet*, Kinder zu haben, will dem sittlichen Durchschnittsempfinden nicht behagen. Sollte jemand unsittlich handeln, weil er aus persönlichen (etwa religiösen) Gründen es vorzieht, kinderlos zu bleiben? Wie aber unterscheidet sich dieser Fall etwa von jenem Beispiel des Diskussionsklubs,[61] in dem man, unter Berufung auf das Prinzip der Verallgemeinerung, jedes Mitglied für verpflichtet erklärt, aktiv einen Beitrag zu dem gemeinsamen Unternehmen zu leisten?
Der Unterschied zwischen beiden Fällen liegt nicht etwa darin, daß A beim Eintritt in den Diskussionsklub vielleicht ausdrücklich die Verpflichtung übernommen hat, etwa jedes Jahr einen Vortrag zu halten; selbst wenn eine solche Vereinbarung nicht getroffen wurde, würde man ihm eine solche Verpflichtung auferlegen, solange er nur de facto von den Vorträgen der anderen

[61] Siehe oben S. 44.

profitiert. (Vgl. etwa den Fall, daß die Bewohner einer kleinen Insel sich einer plötzlichen Überschwemmungsgefahr ausgesetzt sehen; und daß der Bewohner A sich sagt, die anderen könnten ebensogut ohne ihn den alle rettenden Deich errichten.) Der gesuchte Unterschied dürfte vielmehr in folgendem liegen. Die allermeisten Menschen leisten ihren Beitrag zum Fortbestand der menschlichen Rasse nicht aus einem Gefühl sittlicher Verpflichtung, sondern weil ihnen das Aufziehen eigener Kinder, auf unmittelbare oder mittelbare Weise, Befriedigung verschafft. Die meisten Mitglieder des Diskussionsklubs jedoch, so wird man annehmen dürfen, nehmen an dem Klubleben teil, weil sie von den Vorträgen und Diskussionen profitieren, empfinden es aber als eine Belastung, selbst einen Vortrag halten zu müssen. Wenn sie, anders als A, dieser Belastung nicht ausweichen, so deshalb, weil sich jeder von ihnen für verpflichtet hält, zu dem gemeinsamen Zweck beizutragen. (Noch deutlicher wird dieser Umstand in dem Inselbeispiel. Die Errichtung des erforderlichen Deiches bereitet niemandem Vergnügen.)

Genau dieses Kriterium für die Anwendung des Prinzips der Verallgemeinerung, ob die (Mehrzahl der) für die Handlung in Frage kommenden Personen von ihr trotz einer anders gerichteten egoistischen Neigung aus Pflichtbewußtsein Abstand nehmen, findet sich auch im Prinzip der Fairneß. Denn dieses Prinzip stellt ja entscheidend darauf ab, ob jemand sich den „Lasten“ oder „Opfern“ eines gemeinsamen, für alle mit Vorteilen verbundenen, Unternehmens entzieht; ob er somit das Pflichtbewußtsein der übrigen parasitär ausnutzt. Davon kann aber dann keine Rede sein, wenn es sich um ein solches Unternehmen handelt, zu dem der Beitrag des einzelnen im wesentlichen auf egoistischer Motivation beruht, wenn also gar keine „Nachteile“ vorliegen, die dem Prinzip der Fairneß gemäß alle Nutznießer der entsprechenden Vorteile in gleichem Maße zu tragen hätten.

III. Kapitel
Sozialphilosophische Aspekte des Prinzips der Verallgemeinerung

1. Konsequenzen aus der Schwäche des Prinzips der Verallgemeinerung

Wir haben gesehen, daß das regelutilitaristische Prinzip der Verallgemeinerung (RU_2) zwar nicht aus den Prinzipien des Handlungsutilitarismus (HU) und der Gleichheit (PG), wohl aber – jedenfalls in einem gewissen soeben präzisierten Umfang – aus dem Prinzip der Fairneß ableitbar ist. Ob dieses Prinzip der Fairneß allerdings für eine rationale Ethik unverzichtbar ist, bleibt eine offene Frage. Eine Möglichkeit, auch dieses Prinzip seinerseits aus einem fundamentaleren Satz abzuleiten, ist nicht ersichtlich. Einer philosophischen Analyse bleibt unter diesen Umständen nur übrig, die logischen Implikationen einer positiven wie einer negativen Stellungnahme zu dem Prinzip aufzuzeigen und so zu ermöglichen, daß diese Stellungnahme in begrifflicher Klarheit und in Kenntnis ihrer genauen Tragweite, d. h. auf eine rationale Weise vorgenommen wird. Diese Implikationen gehen aus unseren bisherigen Detailerörterungen einschlägiger Anwendungsfälle des Prinzips mit hinreichender Deutlichkeit hervor. Für denjenigen, der das Prinzip der Fairneß neben dem Prinzip des Handlungsutilitarismus akzeptiert, stellt sich insbesondere das Problem, ob sich vielleicht ein allgemeines Kriterium für die Entscheidung von

Konfliktsfällen zwischen den beiden Prinzipien finden läßt. (Vgl. etwa den Fall, daß A überlegt, ob er, anstatt zur Wahl zu gehen, nicht besser daran tut, einen wichtigen Krankenbesuch zu machen).[62]
Auf einer etwas anderen Ebene liegt die Frage, der wir uns nun zuwenden wollen: Welche praktischen Konsequenzen ergeben sich für den einzelnen (bzw. die Gesellschaft) daraus, daß die *anderen* (bzw. die Mehrheit) das Prinzip der Verallgemeinerung möglicherweise nicht akzeptieren. Diese Frage ist aus folgendem Grund von großer Bedeutung: Folgt man dem Grundgedanken des Utilitarismus, daß schlechte Folgen zu vermeiden sind, dann müssen auch jene schlechten Folgen vermieden werden, die sich an eine bestimmte allgemeine Praxis knüpfen. Ihre Vermeidung ist sichergestellt, sofern alle (oder doch die meisten) das Prinzip der Verallgemeinerung akzeptieren (bzw. de facto danach handeln). Was aber kann der einzelne bzw. die Gesellschaft zu ihrer Vermeidung tun, sofern (bzw. insoweit) diese Bedingung nicht erfüllt ist; was kann er insbesondere tun, um einen durch eine um sich greifende Praxis drohenden Schaden vorbeugend zu verhindern? (Nehmen wir z. B. an, der Rasen zeigt schon die ersten Spuren zu häufiger Überquerungen; oder vor einer Gemeindewahl läßt sich nicht mit hinreichender Sicherheit sagen, ob genügend Personen teilnehmen werden.) Es leuchtet ein, daß in dieser Situation jeder ein Interesse daran haben muß, daß jedenfalls die anderen (d. h. die Mehrheit der in Frage kommenden Personen) dem Prinzip der Verallgemeinerung folgen. Ja, wir sahen[63], daß jeden,

[62] Vgl. zu dieser Problematik schon oben S. 53 ff.
[63] Oben S. 99 f.

handlungsutilitaristisch gesehen, eine moralische *Verpflichtung* trifft, soweit es ihm möglich ist dafür zu sorgen, daß die schlechten Folgen vermieden werden, d. h. aber, daß das Prinzip der Verallgemeinerung allgemein befolgt wird. Wie kann er dieser Verpflichtung nachkommen?

Sofern der einzelne (A) selber das Prinzip akzeptiert, ist die Lage einfach: Es kann mit gutem Gewissen bei seinen Mitmenschen dafür werben. Nehmen wir aber an, A hält das Prinzip der Verallgemeinerung nicht für überzeugend und führt bedenkenlos Handlungen aus, deren allgemeine Ausführung schlechte Folgen hätte. Um eben diese Folgen zu vermeiden, erklärt er seine Mitmenschen jedoch für sittlich verpflichtet, sich die betreffenden Handlungen zu versagen; insbesondere stellt er ihnen gegenüber das Prinzip der Verallgemeinerung als zwingend hin. Auf diese Weise trägt er dazu bei, daß sie, ihrem Pflichtgefühl folgend, sich einer Belastung unterwerfen, die sie eben dadurch ihm selbst ersparen. Wie ist A's Verhalten zu beurteilen? Zwei Alternativen lassen sich unterscheiden:

Es könnte sich bei der von A geäußerten Meinung, seine Mitmenschen seien in der genannten Art von Fällen zu einer Handlung sittlich verpflichtet, zu der ihn selbst keine Verpflichtung treffe, um seine ehrliche Überzeugung handeln. In diesem Fall verstößt A mit seiner Äußerung gegen Satz 5, den wir als die Voraussetzung jeder sinnvollen ethischen Argumentation kennen gelernt haben. Denn er gibt ein ethisches Urteil über das Handeln einiger Personen ab, ohne bereit zu sein, dieses Urteil auf das Handeln aller anderen in den gleichen Umständen befindlichen Personen, einschließlich seiner selbst, auszudehnen. Das Prinzip der Verallge-

meinerung ist entweder für alle gültig oder für niemanden, es kann nicht – in dem Urteil desselben Betrachters – die anderen sittlich verpflichten, A jedoch nicht. Zwar ist es auch in Übereinstimmung mit Satz 5 denkbar, daß A, der das Prinzip der Verallgemeinerung nicht billigt, in der beschriebenen Situation – allerdings ohne Berufung auf das Prinzip – die anderen zu einem Handeln für verpflichtet erklärt, das zu unterlassen er sich selbst für frei hält; dann muß er aber zeigen können, daß seine eigene Handlung sich in relevanter Weise von den Handlungen der anderen unterscheidet, d. h. zumindest, daß unter den gegebenen Umständen zwar die Handlungen der anderen, nicht aber seine eigene Handlung, von schlechten Folgen begleitet sind. Dieser Bedingung wird A aber in konkreten Fällen, die dem Prinzip der Verallgemeinerung zugänglich sind, aus empirischen Gründen selten genügen können. (Denken wir etwa an den exemplarischen Fall, daß er bei der Wahl in einer kleinen Gemeinde, bei der es auf jede Stimme ankommen könnte, zwar seine Parteifreunde ermahnt, sie seien zur Wahlbeteiligung sittlich verpflichtet, sich selbst aber nicht für verpflichtet hält und der Wahl fernbleibt.)
Die zweite, wahrscheinlichere Alternative liegt dann vor, wenn A *entgegen* seiner wahren Überzeugung seine Mitmenschen für verpflichtet erklärt, dem Prinzip der Verallgemeinerung entsprechend zu handeln. Hier haben wir es mit einem Fall von bewußter Täuschung zu tun. Das Interessante der Situation liegt darin, daß in ihr der Handlungsutilitarist nach seiner eigenen ethischen Theorie berechtigt (soweit er einflußreich ist, sogar verpflichtet) sein mag, diese seine Theorie nach außen zu verleugnen. Denn nur so wird er unter Um-

ständen die drohenden Folgen einer unheilvollen allgemeinen Praxis im Ergebnis abwenden können.[64]
Weit wichtiger als die praktisch-ethischen Konsequenzen der Schwäche des Prinzips der Verallgemeinerung für den einzelnen sind diejenigen für den Staat. Denn der einzelne hat in der Regel keine Möglichkeit, eine allgemeine Praxis, die eine Verhinderung schlechter Folgen bedeutet, entscheidend zu beeinflussen. Die Fälle, daß sein Beispiel oder seine Belehrung die Mehrheit zu bewegen imstande sind, bilden Ausnahmen. Etwas völlig anderes indessen gilt für den staatlichen Gesetzgeber. Er hat es gewöhnlich in der Hand, durch seine mit Sanktionen versehenen Gebote die allgemeine Praxis einer bestimmten Handlung entscheidend zu formen. Wenn er auf diesem Wege, d. h. durch den Erlaß eines Gesetzes, dem einzelnen vorschreibt, ein bei allgemeiner Ausführung schädliches Handeln zu unterlassen, so schafft er diesem damit in aller Regel einen, wenn schon nicht ethischen, so doch egoistischen Grund, sich gerade so zu verhalten, wie auch das Prinzip der Verallgemeinerung es fordert. Dieses ethische Prinzip wird dadurch, selbst wenn es gültig sein sollte, in seiner praktischen Funktion überflüssig. Andererseits erscheint der staatliche Erlaß von Vorschriften, unter der Voraussetzung der Ungültigkeit oder doch Zweifelhaftigkeit des Prinzips, als geignetes und unter ethischen Gesichtspunkten wohl am wenigsten angreifbares Mittel, im gegebenen Fall die durch eine allgemeine Praxis drohenden schlechten Folgen zu vermeiden. So mag der Staat etwa

[64] Aus diesem Dilemma des Handlungsutilitarismus leitet D. H. Hodgson (Consequences of Utilitarianism, S. 50 ff.) einen grundlegenden Einwand gegen diese Theorie ab.

das Betreten gefährdeter Rasenflächen oder das Fernbleiben von der Wahl unter Strafe verbieten. Insofern die Strafe als solche ein Übel ist, sprechen Utilitätsgesichtspunkte allerdings dafür, ein derartiges Verbot nur in jenen Fällen zu erlassen, in denen ohne es die Gefahr einer allgemeinen Praxis tatsächlich besteht.
Indem der Gesetzgeber in solchen Fällen das nämliche Ergebnis erzielt, das auch eine Befolgung des Prinzips der Verallgemeinerung durch die Staatsbürger hätte, wendet er seinerseits, wie man nicht übersehen darf, dieses Prinzip gerade *nicht* an. Denn seine Handlung ist nicht bezogen auf irgendwelche hypothetischen Folgen („wenn jeder so handelte"), sondern auf die tatsächlichen Folgen dieser seiner Maßnahme. Er erläßt das Gesetz, um auf Seiten der Bürger eine bestimmte Folge herbeizuführen. Daraus folgt auch, daß der Staat in seiner Anwendung der Gesetze auf den Einzelfall durch seine vollziehende und richterliche Gewalt mit Recht davon absieht, ob im Einzelfall die Folgen der verbotenen Handlung *nicht* schädlicher Natur sind. Wer Steuern hinterzieht, wird auch dann bestraft, wenn er das Geld dem Roten Kreuz überweist. Der führerscheinlose Kraftfahrer kann sich nicht damit rechtfertigen, daß seine tatsächlichen Fahrfähigkeiten einwandfrei sind. (Unter diesem Gesichtspunkt ist es übrigens unzutreffend, wie häufig gesagt wird, das Recht sanktioniere nur die wichtigsten Forderungen der Ethik, das „ethische Minimum". In Wahrheit geht das Recht in mancher Hinsicht in seiner Tragweite erheblich über die Forderungen der Ethik hinaus!) Auch Exekutive und Judikative wenden insoweit nicht das Prinzip der Verallgemeinerung an, sondern verfahren so, um den allgemei-

nen Abschreckungszweck der Legislative zu gewährleisten.
Die Rolle des Staates in jenen Fällen, in denen eine allgemeine Praxis zu einem für alle unerwünschten Ergebnis führt, ohne daß zur Vermeidung dieses Ergebnisses die Kooperation eines *jeden* einzelnen erforderlich wäre, verdeutlicht folgendes Modell. A, der überlegt, ob er der Praxis einer bestimmten Handlung folgen soll, sieht sich mit diesen vier Möglichkeiten konfrontiert:

1. A folgt der Praxis – die übrigen folgen der Praxis nicht
2. A folgt der Praxis nicht – die übrigen folgen der Praxis nicht
3. A folgt der Praxis – die übrigen folgen der Praxis
4. A folgt der Praxis nicht – die übrigen folgen der Praxis

Das Charakteristische an den hier zur Debatte stehenden Handlungen ist, daß der Eigennutzen, den A aus den vier verschiedenen Konstellationen zieht, von 1 bis 4 beständig abnimmt. Die Praxis bestehe z. B. in dem Fernbleiben von der Wahl. Dann ist es für A am angenehmsten, wenn *er* zwar der Wahl fernbleibt, die übrigen aber teilnehmen (1). Weniger angenehm ist es für ihn, wenn er, wie die übrigen auch, zur Wahl geht (2). Ausgesprochen unangenehm ist es ihm, wenn niemand zur Wahl geht (3) (die demokratische Ordnung ist gefährdet). Und noch unangenehmer ist es für ihn, wenn er das Opfer, zur Wahl zu gehen, allein und damit umsonst bringt (4).
Bezeichnen wir vereinfachend das Befolgen der betreffenden Praxis als eine nur am eigenen Interesse ausgerichtete, also eine egoistische Handlung und das

Nichtbefolgen demgegenüber als eine altruistische Handlung, so läßt sich unser Modell auch wie folgt darstellen:

1. A handelt egoistisch	–	die übrigen handeln altruistisch
2. A handelt altruistisch	–	die übrigen handeln altruistisch
3. A handelt egoistisch	–	die übrigen handeln egoistisch
4. A handelt altruistisch	–	die übrigen handeln egoistisch

Wieder nimmt der Eigennutzen des A von 1 bis 4 laufend ab. Es ist nun für A, der das Prinzip der Verallgemeinerung nicht anerkennt, in jedem Fall, d. h. gleichgültig wie die übrigen handeln, am zweckmäßigsten, seinerseits egoistisch zu handeln. Denn für den Fall, daß die übrigen altruistisch handeln, so erreicht er durch egoistisches Handeln Position 1, anstatt (durch altruistisches Handeln) Position 2. Und für den Fall, daß die übrigen egoistisch handeln, so erreicht er durch egoistisches Handeln Position 3, anstatt (durch altruistisches Handeln) Position 4. A steht sich also mit egoistischem Handeln jeweils am besten.

Das Gleiche gilt aber für alle übrigen Personen. Auch unter diesen dient jeder, gleichgültig wie die anderen handeln, seinen Interessen am besten, wenn er sich egoistisch verhält. Also wird sich, diesem Gedankengang folgend, *jeder* so verhalten. Dann ist das Ergebnis Alternative 3, die für alle mit dem gleichen persönlichen Nutzen (bzw. Schaden) verbunden ist, da ja alle gleich, nämlich egoistisch handeln und damit jeder von ihnen die Stellung des A in Alternative 3 einnimmt.

Das Bemerkenswerte ist nun, daß es, wie unser Modell

zeigt, eine andere Alternative gibt, unter der ebenfalls alle gleich handeln, also auch den gleichen persönlichen Nutzen erzielen, bei der dieser für jeden gleiche Nutzen jedoch ein größerer ist als in der Alternative 3. Das ist die Alternative 2, bei der jeder altruistisch handelt. Wenn alle ein Opfer für die Allgemeinheit bringen, so ist also die Lage für jeden von ihnen besser, als wenn alle dieses Opfer nicht bringen. Da aber ohne Vereinbarung jeder damit rechnen muß, daß jeder andere das Opfer nicht bringt, also egoistisch handelt, wird auch er selbst egoistisch handeln (so gewinnt er ja Position 3 anstatt Position 4).

In dieser Situation empfiehlt es sich somit für alle, eine Vereinbarung zu schließen, altruistisch zu handeln; denn unter der Voraussetzung eines allgemeinen altruistischen Handelns gewinnt jeder Position 2 gegenüber Position 3. Aber selbst in diesem Stadium, wenn jeder auf ein altruistisches Verhalten der anderen vertrauen sollte, wird er selbst zweckmäßigerweise egoistisch handeln; denn so gewinnt er Position 1 gegenüber Position 2. Selbst wenn jeder damit rechnet, die übrigen würden die getroffene Vereinbarung einhalten, handelt er selbst klug, sie zu brechen. Also ist zu befürchten, daß jeder sie bricht und somit nach wie vor jeder egoistisch handelt.

Das bedeutet, daß eine Vereinbarung allein dem für alle unerfreulichen Ergebnis von Alternative 3 nicht abhelfen kann. Es muß vielmehr auf künstlichem Wege dafür gesorgt werden, daß die Rangordnung des nach den Alternativen 1 bis 4 sich für jeden ergebenden Nutzens sich verschiebt. Und zwar muß sie sich in dem Sinn verschieben, daß die Alternativen 2 und 4, in denen A altruistisch handelt, für ihn in jedem Fall, d. h.

gleichgültig wie die anderen handeln, vorteilhafter ausfallen als die Alternativen 1 und 3, in denen er egoistisch handelt. (Die jetzigen Alternativen 2 und 4 müssen also in der neuen Rangordnung die Stufen 1 und 3 einnehmen.) Das geschieht am einfachsten dadurch, daß eine A überlegene Macht auf künstlichem Wege, in Form von Belohnungen bzw. Strafen, dafür sorgt, daß für ihn der persönliche Nutzen dann am größten ist, wenn er altruistisch handelt. Das heißt, durch den Erlaß von Sanktionen wird sein zuvor altruistisches Handeln zu einem egoistischen, ohne damit an Nutzen für die Allgemeinheit zu verlieren. Da nun aber, wie wir sehen, *jeder* ein Interesse daran hat, daß alle (im ursprünglichen Sinn) altruistisch und nicht egoistisch handeln, liegt es auch im Interesse eines jeden, gemeinsam mit allen anderen, d. h. im Wege einer Vereinbarung, über egoistisches Handeln die erforderlichen Sanktionen zu verhängen und eine Institution zu schaffen, welche die Macht hat, diese Sanktionen durchzusetzen.

Die Logik dieser Situation mag noch durch das folgende Beispiel, das nur zwei Personen einschließt, und in dem auch die Situation selbst – und nicht nur die Reaktion der Beteiligten auf sie – einer rationalen Planung entspringt, verdeutlicht werden.

A, ein reicher Witwer, hat zu seinem achtzigsten Geburtstag den dringenden Wunsch, daß sich seine beiden Söhne, B und C, die sich seit langem meiden und miteinander verfeindet sind, wieder versöhnen und gemeinsam mit ihm seinen Geburtstag begehen. Schon oft hat er vergeblich versucht, eine Annäherung zwischen B und C herbeizuführen. Diesmal verfällt er auf einen besonderen Plan und macht ihnen folgendes bekannt: „Kurz nach meinem Geburtstag werde ich mein Testament errichten. Kommt ihr beide zur Feier meines Geburtstages, so werdet ihr mich je zur Hälfte beerben. Kommt ihr beide nicht, so werdet ihr mich je zu einem Fünftel beerben (die restlichen drei Fünftel wird meine Haushälterin erhalten). Kommt nur einer von euch, so werde ich diesen enterben, und der andere, der fernbleibt, wird mich zu drei Fünfteln beerben (die restlichen zwei Fünftel wird meine Haushälterin erhalten)."

B und C sehen sich hier vor die folgenden Alternativen gestellt:

1. B kommt nicht	–	C kommt
2. B kommt	–	C kommt
3. B kommt nicht	–	C kommt nicht
4. B kommt	–	C kommt nicht

Der von B zu erwartende Erbteil nimmt von 1 bis 4 ständig ab ($^3/_5$, $^1/_2$, $^1/_5$, 0). Das Gleiche gilt für C, falls wir in unserem Modell seine Position und die des B vertauschen. Jeder von beiden steht sich also, unabhängig davon wie der andere sich verhält, besser, wenn er nicht kommt, wenn er also hinsichtlich des väterlichen Wunsches egoistisch handelt. Insoweit liegt es nahe, daß beide nicht kommen. Doch beide erkennen, daß es eine andere Lösung gibt, die für jeden von ihnen vorteilhafter ist, nämlich wenn sie beide kommen. Sie werden also, vorausgesetzt ihr finanzielles Interesse ist größer als ihr affektives, miteinander in Verbindung treten und beschließen, beide den Vater zum Geburtstag aufzusuchen. Und zwar werden sie, damit jeder von ihnen vor einem abredewidrigen Fernbleiben des anderen gesichert ist, zweckmäßigerweise vereinbaren, *gemeinsam* den Besuch zu machen.

Jene Sanktion, welche die Logik der Situation erfordert, um das zunächst altruistische Verhalten zu einem

aus Eigeninteresse gebotenen zu machen, liegt in diesem Fall, ohne daß es der Errichtung einer über beiden stehenden Zwangsgewalt bedürfte, darin, daß jeder die Möglichkeit hat, einer Verletzung der getroffenen Vereinbarung durch den anderen unmittelbar mit derselben Verletzung von seiner Seite zu begegnen und damit den anderen wieder auf die für beide unerfreuliche Alternative 3 zurückzuwerfen.
Der Vater erreicht auf diese Weise nicht nur, daß beide Söhne zum Geburtstag kommen – das und nur das hätte er auch durch die auf den ersten Blick vielleicht näher liegende Anordnung erreicht, bei unterschiedlichem Verhalten werde der *Kommende* drei Fünftel erben, der Nichtkommende dagegen enterbt werden. Der Vater erreicht darüber hinaus, daß jeder seiner Söhne, anstatt zu versuchen, den anderen am Kommen zu hindern, gerade bestrebt sein muß, den anderen zum Kommen zu bewegen. Er erreicht also genau das, was er erreichen will: Daß die beiden wieder Kontakt aufnehmen, sich arrangieren und *gemeinsam* zu seiner Feier erscheinen.

2. Hobbes' Rechtfertigung des Staates und das Prinzip der Verallgemeinerung

Es ist nicht nur von historischem Interesse, daß Th. Hobbes in der zentralen Argumentation seiner Staatsphilosophie genau dem soeben entwickelten Modell folgt. Die nun folgende Erläuterung dieser Parallele soll dazu beitragen, einen der plausibelsten Begründungsversuche staatlicher Herrschaft in einem wesentlichen Aspekt zu analysieren.

Die Ausgangssituation für unsere vorangehenden Überlegungen war die folgende: Die allgemeine Praxis einer bestimmten Handlung hat für alle schlechte Folgen. Daher hat jeder ein Interesse daran, daß die betreffende Handlung allgemein vermieden wird. Andererseits aber hat möglicherweise niemand einen ausreichenden ethischen Grund (sofern er das Prinzip der Verallgemeinerung nicht akzeptiert) oder einen egoistischen Grund (die Vornahme der Handlung bringt ihm vielmehr Vorteil), seinerseits die Handlung zu unterlassen. Dieses ist im Kern jene Situation, die Hobbes als den Naturzustand zum Ausgangspunkt seiner Rechtfertigung des Staates macht.[65] Im vorstaatlichen Naturzustand, wie Hobbes ihn beschreibt, verfolgt jeder seine eigenen Interessen, ohne Rücksicht auf die Interessen anderer. Die Vernunft jedoch sagt einem jeden, daß er besser dabei fährt, auf die Durchsetzung eines Teils seiner Interessen zu verzichten, vorausgesetzt, alle anderen tun das Gleiche. Die Garantie dafür zu schaffen, daß diese Voraussetzung erfüllt wird, aber ist die Funktion des Staates und seiner Zwangsmittel.

Diese Lösung ist für Hobbes nur folgerichtig, insofern als er das Prinzip der Verallgemeinerung implizit ablehnt: Nicht die hypothetischen Folgen einer allgemeinen Praxis zählen für das handelnde Individuum, sondern die tatsächlichen Folgen seines eigenen Tuns. Und soll dieses Tun in eine für alle vorteilhafte Richtung gelenkt werden, so kann dieses nur so geschehen, daß es mit Folgen verknüpft wird, die das Einschlagen eben dieser Richtung auch für das Individuum am günstig-

[65] Vgl. zum Folgenden Th. Hobbes, Leviathan, Kapitel 13–17, S. 80 ff.

sten machen. Hobbes betont ausdrücklich, es sei sinnlos, allein Opfer zu bringen, nämlich sich der Ausübung natürlicher Rechte zu enthalten, auf welche nicht auch die anderen verzichten. (Insofern lehnt er das Prinzip der Verallgemeinerung für jenen Fall ab, daß die von schlechten Folgen begleitete allgemeine Praxis ohnehin besteht.) Aber selbst unter der Voraussetzung, daß die meisten diesen Verzicht üben (die schlechten Folgen eines allgemeinen Bürgerkrieges also vermieden werden), ist nach Hobbes jeder einzelne zu ihm letztlich nicht deshalb verpflichtet, weil ein ethisches Fairneßprinzip ihn gebietet, sondern weil jeder, verhält er sich nicht kooperativ, mit den Sanktionen der anderen bzw. des Staates rechnen muß.

Das Besondere von Hobbes' Konzeption liegt darin, daß er unser Modell, das voraussetzt, daß ein kooperatives Verhalten aller für *jeden* die beste Lösung ist, nicht nur für *bestimmte* Situationen für anwendbar hält, die insofern staatliche Sanktionen erfordern.[66] Hobbes erblickt in ihm vielmehr die Rechtfertigung für die *Existenz* des Staates überhaupt. D. h. er behauptet, daß die Bildung eines Staatswesens, das allen seinen Bürgern einen teilweisen Verzicht auf die Ausübung ihrer natürlichen Rechte abverlangt, im Interesse eines jeden von ihnen liegt, und daß somit die staatliche Gewaltherrschaft vom Standpunkt eines jeden aus gerechtfertigt ist.

Bei dieser Konstruktion stellt der Übergang aus dem vorstaatlichen in den staatlichen Zustand für Hobbes *deshalb* kein unüberwindliches Problem dar, weil jeder

[66] Allein in diesem Sinne haben wir es bisher diskutiert (vgl. oben S. 121 ff.).

ein egoistisches Interesse daran hat, dafür zu sorgen, daß jeder andere den Unterwerfungsvertrag zum Zwecke der Staatsgründung einhält. Jeder einzelne wird also von allen anderen gezwungen, sein Opfer an natürlichen Rechten zur Einsetzung staatlicher Autorität auch tatsächlich zu erbringen. Dieser Zwang ist erforderlich, weil (wiederum) jeder einzelne besser dran wäre, wenn er als einziger dieser Autorität seine Anerkennung und Loyalität versagte, d.h. wenn *er allein* im Rahmen eines funktionierenden Staatswesens seine natürlichen Rechte unbeschränkt weiter ausübte. Diesen Zustand verhindert, nachdem sich die staatliche Autorität einmal konstituiert hat, diese selbst; vorher verhindert ihn jeder einzelne der zur Staatsgründung Entschlossenen bei jedem anderen. (In unserem Beispiel verhinderten die beiden Söhne den entsprechenden Zustand dadurch, daß sie ihren Geburtstagsbesuch *gleichzeitig* machten!)
Eine der Prämissen, auf die Hobbes eine solche Grundlegung des Staates aufbaut, ist sein notorisch pessimistisches Menschenbild, seine Auffassung, daß alle Menschen tatsächlich stets nichts als ihr eigenes Interesse verfolgen. Dieser psychologische Egoismus, aus dem Hobbes dann seinen ethischen Egoismus (es ist für jeden Menschen *richtig*, stets nichts als sein eigenes Interesse zu verfolgen) ableitet, ist, zumindest in der von ihm vertretenen Form, unter psychologischem wie begriffsanalytischem Aspekt äußerst anfechtbar. Es wird jedoch nicht immer erkannt, daß Hobbes' Begründung des Staates keineswegs mit dieser Prämisse eines totalen menschlichen Egoismus steht und fällt. Denn die Annahme, der andere handele *auch* oder manchmal egoistisch, – und diese Annahme wird von keiner philosophisch-psychologischen Theorie des Menschen geleug-

net – reicht aus, jeden Vernünftigen zu bestimmen, sich selbst (und diejenigen, für die er altruistische Gefühle hegt!) durch Errichtung einer äußeren Schranke vor den möglichen Ausbrüchen des Egoismus der anderen zu sichern.

Weitaus interessanter und wichtiger als sein psychologischer Egoismus ist in unserem Zusammenhang eine andere Prämisse des Hobbes: seine Auffassung von der natürlichen Gleichheit aller Menschen. Diese natürliche Gleichheit ist für Hobbes nicht (d. h. als Prämisse nicht) ein ethisches Postulat, sondern eine empirische Hypothese: Die Unterschiede zwischen den Menschen in ihren Anlagen wie in ihren erworbenen Fähigkeiten und insbesondere Machtmitteln sind angesichts der allen Menschen gemeinsamen conditio humana[67] so geringfügig[68], daß sie keinen Unterschied darin begründen, wie ein jeder dem unerfreulichen Naturzustand für sich abhelfen kann. Es gibt nur eine Möglichkeit, und die ist für alle die gleiche, nämlich die Errichtung einer Zwangsgewalt, des Staates. Wir sehen, die Hobbessche Rechtfertigung des Staates, er diene dem Interesse, nicht der schwachen Mehrheit, sondern eines *jeden* (weil ein jeder gleichermaßen schwach ist), ist angewiesen auf seine Prämisse von der natürlichen Gleichheit.

Hobbes' These von der Unerheblichkeit der Unterschiede zwischen den Menschen findet ihren präzisen Ausdruck in unserem oben[69] entwickelten Modell:

[67] „Continual fear, and danger of violent death; and the life of man, solitary, poor, nasty, brutish, and short." (Th. Hobbes, Leviathan, Kapitel 13, S. 82)

[68] „The weakest has strength enough to kill the strongest." (Th. Hobbes, Leviathan, Kapitel 13, S. 80)

[69] S. 124.

1. A handelt egoistisch – die übrigen handeln altruistisch

2. A handelt altruistisch – die übrigen handeln altruistisch

3. A handelt egoistisch – die übrigen handeln egoistisch

4. A handelt altruistisch – die übrigen handeln egoistisch

Unter A hatten wir jede beliebige Person verstanden und unter einer egoistischen Handlung eine solche Handlung, die ein persönliches Opfer umgeht und deren allgemeine Praxis für die Allgemeinheit schlechte Folgen hat. Die These des Modells besagte, daß der persönliche Nutzen des A von 1 bis 4 laufend abnimmt. Dabei ist nun die Aussage, daß A sich in der Alternative 1 besser steht als in der Alternative 2 sowie in der Alternative 3 besser als in der Alternative 4, eine analytische Wahrheit. Der wesentliche, keineswegs selbstverständliche Teil der These ist aber, daß Alternative 2 für A vorteilhafter ist als Alternative 3. Hiermit ist ja gesagt, daß für einen jeden eine allgemeine, ihn selbst einschließende altruistische Praxis vorteilhafter ist als eine allgemeine, ihn selbst einschließende egoistische Praxis, daß also für jeden der Nutzen, den er aus dem altruistischen Handeln der anderen zieht, den Nachteil, den er mit dem Verzicht auf das eigene egoistische Handeln in Kauf nimmt, überwiegt.

Genau dieses aber behauptet Hobbes, wenn er argumentiert, für einen jeden sei die Sicherheit, die ihm die durch staatliche Normen bedingte Freiheitsbeschränkung der anderen einbringt, wertvoller als jene eigene Freiheit, die er selbst im Staat einbüßt. Damit haben wir eine weitere entscheidende Prämisse von Hobbes'

Grundlegung des Staates isoliert: Die Menschen sind im Naturzustand nicht nur *gleich*, sie sind auch gleich *elend*, d. h. sie können sich durch ein Leben im Staate nur verbessern.[70] Ob bzw. inwieweit Hobbes mit dieser Annahme recht hat, ist natürlich eine komplexe Frage, die wir hier nicht entscheiden können.

Immerhin können wir feststellen, daß Hobbes' These in jener *allgemeinen* Form, in der sie unser Modell darstellt, gar nicht zu entscheiden ist. Denn ob eine allgemeine altruistische Praxis für den einzelnen besser ist als eine allgemeine egoistische Praxis, ist eine empirische Frage, deren Antwort von Fall zu Fall verschieden ausfallen kann. Man wird auf Grund der bisherigen Erfahrung sogar sagen können, daß die These *nicht* für alle tatsächlich auftretenden menschlichen Konfliktsituationen gültig ist. Nehmen wir etwa in unserem Rasenfall an, A hat keinen ästhetischen Sinn für gepflegte Rasenflächen, und die Verschandelung des Rasens, den er als Abkürzung benutzt, ist ihm gleichgültig. Oder nehmen wir an, der sich seiner Wehrpflicht entziehende A ist bedingungsloser Pazifist, d. h. die Vereitelung der nationalen Verteidigung ist ihm gerade recht. In diesen Fällen sind die Betreffenden an einer Vermeidung der von der Allgemeinheit wegen der Folgen als unerfreulich bewerteten allgemeinen Praxis (Überqueren des Rasens bzw. Nichterfüllung der Wehrpflicht) gar nicht interessiert. Sie haben daher offenbar keinen Grund, sich das altruistische Verhalten der anderen, an dem ihnen nichts liegt, durch ein eigenes

[70] Daß Hobbes' psychologischer Egoismus keine notwendige Bedingung dieser Annahme ist, schließt nicht aus, daß er Hobbes' Ausdehnung seiner These auf *jede beliebige* Form des Staates verständlicher macht.

Opfer zu erkaufen. Das bedeutet, sie ziehen Alternative 3 Alternative 2 vor. (Daher stößt hier auch das Prinzip der Verallgemeinerung von vornherein ins Leere, da es ja ein negatives Werturteil über die Folgen der allgemeinen Praxis voraussetzt.)

Auf diese Beispiele würde Hobbes wohl antworten, Fälle ästhetischer Wertung seien trivial, da keine nennenswerten Interessen auf dem Spiel ständen, sowie eine bedingungslos pazifistische Einstellung sei falsch und unvernünftig, da sie bei objektiver Würdigung dem wohlverstandenen Eigeninteresse des Pazifisten widerstreite.

Aber es lassen sich unschwer Fälle denken, die den Hobbesschen Gedankengängen verwandter sind. Nehmen wir an, A ist ein großer Trust, der auf seinem Handelssektor absolut marktbeherrschend ist. Im Parlament wird der Erlaß eines Antitrustgesetzes beraten, das u. a. eine Auflösung der Unternehmensvereinigung A zur Folge hätte. Das Interesse der Vielzahl kleinerer Unternehmungen am Erlaß dieses Gesetzes ist ersichtlich, sogar das Interesse der Truste B, C und D, die wie A strukturiert sind. Denn sie unterlagen A im Konkurrenzkampf, und die Chance, den Kampf um den Markt nunmehr von dem gleichen Ausgangspunkt wie A wieder beginnen zu können, ist ihnen wertvoller als ihre Besserstellung gegenüber den Einzelunternehmen. Die Interessen des A jedoch werden durch das Gesetz eindeutig verletzt. Der Vorteil, den A daraus zieht, daß durch das im allgemeinen Interesse liegende Verbot bestimmter Formen von Unternehmensvereinigungen seine Konkurrenz B, C und D sich auflösen müssen sowie keine neuen Konkurrenten dieser Art auftreten können, steht in keinem Verhältnis zu dem Nachteil, den ihm

der Verlust der von seiner Struktur abhängigen Marktbeherrschung einbringt.
Hier haben wir es jedenfalls mit einem echten Beispiel dafür zu tun, daß jemand durch den Gebrauch seiner Freiheit eine derartig starke Position gewonnen hat, daß ihm eine staatliche Beschränkung seiner Freiheit, selbst unter der Voraussetzung einer gleichen Freiheitsbeschränkung aller anderen, auch auf lange Sicht mehr schadet als nützt.
Hobbes leugnet zwar nicht ausdrücklich, daß es im Rahmen eines bestehenden Staatswesens solche Fälle geben kann, in denen eine bestimmte allgemeine Freiheitsbeschränkung zwar im Interesse der meisten, aber eben nicht aller liegt, daß also das rechtspolitische Problem der *Erstreckung* der Staatsgewalt nicht immer derselben Argumentation zugänglich ist wie das Problem der *Begründung* von Staatsgewalt schlechthin. Er unterläßt es indessen, auf eine solche Möglichkeit hinzuweisen, und vermittelt den Eindruck, das auf seiner Auffassung von der natürlichen Gleichheit aller basierende Modell sei schlechthin typisch für die Lösung menschlicher Konfliktsituationen. Es gibt aber, wie wir sehen, Fälle, in denen auch die kühle Ratio dem egoistischen Interesse des einzelnen dazu rät, auf eine für die Allgemeinheit schädliche Handlung selbst dann nicht zu verzichten, wenn er mit diesem Verzicht den nämlichen Verzicht aller anderen erkaufen könnte. Somit ist Hobbes' gemeinhin als pessimistisch gebrandmarktes Menschenbild, insofern er *diese* Fälle in seiner politischen Theorie außer acht läßt, gerade zu *optimistisch*.
Auch auf der internationalen Ebene, auf der ja die Hobbessche Theorie eine anhaltende praktische Aktualität besitzt, lassen sich Konfliktsituationen finden, die

Hobbes' Modellvorstellung kaum gemäß sind. Betrachten wir das folgende (nur teilweise) hypothetische Beispiel: Unter den Staaten dieser Erde besitzen nur zwei Großmächte, zwischen denen es keine Spannungen gibt, Atomwaffen. Natürlich würde in dieser Situation ein allgemeiner Verzicht auf solche Waffen im Interesse aller anderen Staaten liegen. Den Interessen der beiden Großmächte würde er aber offensichtlich widersprechen, sofern sie nur in der Lage sind, den Besitz dieser Waffen durch dritte Staaten auch auf die Dauer wirksam zu kontrollieren. Insbesondere hätten sie kein Interesse an der Errichtung eines alle – untereinander im Naturzustand befindlichen – Staaten umfassenden Weltstaates. Zwar müssen sie mit der Möglichkeit künftiger Interessenkonflikte untereinander rechnen. Aber selbst für diesen Fall gilt, daß die Existenz nur eines einzigen (noch so starken) Gegners der Unterordnung unter einen absoluten Superstaat vorzuziehen ist. Erst die tatsächliche Erweiterung des Atomklubs auf mehr als zwei Mitglieder würde für jedes dieser Mitglieder – je größer ihre Zahl wird, umso stärker – den Verzicht auf die eigene Souveränität zugunsten eines „Leviathan" nahelegen.

In allen Fällen der genannten Art muß unser obiges Modell (nennen wir es Modell a) abgeändert werden. Denn es trifft hier nicht mehr für jeden beliebigen von der Situation Betroffenen (A) zu, sondern nur für eine Mehrheit von Betroffenen. Für eine Minderheit dagegen (ihr Vertreter heiße B) lautet das Modell jetzt folgendermaßen (wir nennen es Modell b).

1. B handelt egoistisch	–	die übrigen handeln altruistisch

2. B handelt egoistisch – die übrigen handeln egoistisch
3. B handelt altruistisch – die übrigen handeln altruistisch
4. B handelt altruistisch – die übrigen handeln egoistisch

Gegenüber dem ursprünglichen Modell a sind die Positionen 2 und 3 vertauscht. Denn, anders als für A, bringt für B die Alternative, daß alle egoistisch handeln, mehr Nutzen als jene, daß alle altruistisch handeln. Das bedeutet aber auch, daß B nicht daran interessiert sein kann, daß eine übergeordnete Gewalt Sanktionen verhängt, um ein altruistisches Handeln aller zu garantieren. Hobbes' Rechtfertigungstheorie der Macht, welche den egoistischen Interessen eines *jeden einzelnen* gerecht werden will, hat in solchen Situationen ihre Voraussetzung – und zumindest einen Teil ihrer Attraktivität! – eingebüßt.
Übrigens ist die von der Beschäftigung mit Hobbes und dem Prinzip der Verallgemeinerung angeregte Unterscheidung zwischen diesen beiden Modellen nicht nur von staatsphilosophischem Interesse. Sie könnte sich auch in der Religionsphilosophie, und zwar für die Behandlung des Theodizee-Problems, als fruchtbar erweisen. Die Existenz des sogenannten moralischen Übels in der Welt angesichts eines unbeschränkt mächtigen und unbeschränkt guten Gottes wird ja häufig mit der Argumentation gerechtfertigt, eine Welt einschließlich freier, d. h. des Bösen fähiger Menschen sei in toto besser als eine Welt einschließlich unfreier Menschen. Diese Argumentation ist in verschiedener Hinsicht problematisch. Aber könnte man ihr nicht, selbst wenn man ihr im An-

satz recht gibt, andeutungsweise folgendes entgegenhalten:

Man wird von einem allmächtigen und allgütigen Wesen erwarten können, daß es, vorausgesetzt, die Möglichkeit des Menschen zum Bösen in allen Lebensbereichen ist ein wesentlicher Bestandteil einer guten (oder gar der bestmöglichen) Welt, diese Welt immerhin so einrichtet, daß den Menschen keine überflüssige, nämlich über diese Möglichkeit hinausgehende *Versuchung* zum Bösen erwartet, und daß so das Böse möglichst selten Wirklichkeit wird. Eine solche Versuchung besteht aber de facto insofern, als es nicht wenige menschliche Konflikte gibt, die Modell b entsprechen. Wäre nicht der Freiheit des Menschen zum Bösen vollauf Genüge getan, wenn dieses stets darin läge, daß er sich von der Begierde des Augenblicks zu einem asozialen, egoistischen Handeln hinreißen läßt, anstatt, seiner Vernunft, d. h. seinem wohlverstandenen Dauerinteresse folgend, mit seinen Mitmenschen eine wirksame Vereinbarung gegenseitigen Respektes zu suchen? D. h. würde es nicht dem Postulat der sittlichen Freiheit genügen, wenn *alle* menschlichen Konfliktsituationen Modell a entsprächen? Würde das genannte Wesen, sofern es die Menschen liebt und wünscht, daß sie einander lieben, bei der Einrichtung und Lenkung der Welt nicht *ausnahmslos* ebenso verfahren wie in unserem Beispiel[71] jener Vater, der seinen voneinander isolierten Söhnen bewußt einen Anreiz schafft, miteinander Kontakt aufzunehmen?

[71] S. 126 f.

Literaturverzeichnis

Bücher

Bergström, L. The Alternatives and Consequences of Actions, Stockholm 1966.

Brandt, R. B. Ethical Theory, Englewood Cliffs 1959.

Copi, I. M. Introduction to Logic, Third Edition, New York 1968.

Frankena, W. K. Ethics, Englewood Cliffs 1963.

Hare, R. M. Freedom and Reason, Oxford 1963.

Hobbes, Th. Leviathan, edited by M. Oakeshott, Oxford 1947, deutsch herausgegeben von I. Fetscher, Neuwied und Berlin 1966.

Hodgson, D. H. Consequences of Utilitarianism, Oxford 1967.

Kant, I. Grundlegung zur Metaphysik der Sitten, in: Kants Werke, herausgegeben von W. Weischedel, Bd. IV, Darmstadt 1956.

Lyons, D. Forms and Limits of Utilitarianism, Oxford 1965.

McCloskey, H. J. Meta-Ethics and Normative Ethics, The Hague 1969.

Mill, J. S. Utilitarianism, Everyman's Library, London 1910.

Moore, G. E. Ethics, London 1912.

Moore, G. E. Principia Ethica, Cambridge 1903, deutsch herausgegeben von B. Wisser, Stuttgart 1970.

Narveson, J. Morality and Utility, Baltimore 1967.

Ross, W. D. The Right and the Good, Oxford 1930.
Singer, M. G. Generalization in Ethics, New York 1961.
Smart, J. J. C. An Outline of a System of Utilitarian Ethics, Melbourne 1961.

Aufsätze

Brandt, R. B. Toward a Credible Form of Utilitarianism, in: Morality and the Language of Conduct, edited by H.-N. Castañeda and G. Nakhnikian, Detroit 1965, S. 107–143.
Feinberg, J. Supererogation and Rules, Ethics 71 (1961), S. 276–288.
MacIver, A. M. Ethics and the Beetle, Analysis 8 (1948), S. 65–70.
Smart, J. J. C. Extreme and Restricted Utilitarianism, Philosophical Quarterly 6 (1956), S. 344–354.
Smart, R. N. Negative Utilitarianism, Mind 67 (1958), S. 542–543.
Sobel, J. H. Generalization Arguments, Theoria 31 (1965), S. 32–60.
Urmson, J. O. Moore's Utilitarianism, in: G. E. Moore. Essays in Retrospect, edited by A. Ambrose and M. Lazerowitz, London 1970, S. 343–349.
Urmson, J. O. The Interpretation of the Moral Philosophy of J. S. Mill, Philosophical Quarterly 3 (1953), S. 33–39.

Alber-Broschur Philosophie

Karl Acham: Analytische Geschichtsphilosophie
Gellért Béky: Die Welt des Tao
Günther Bien: Die politische Philosophie bei Aristoteles
Hans Czuma: Autonomie
Ferdinand Fellmann: Das Vico-Axiom
Eugen Fink: Nähe und Distanz. Phänomenologische Aufsätze
H.-G. Gadamer, W. Marx, C. F. v. Weizsäcker: Heidegger
Grau/Fetscher/Pöggeler/Ilting: Probleme der Ethik
Hubert Hendrichs: Modell und Erfahrung
Hans-Ulrich Hoche: Handlung, Bewußtsein und Leib
Norbert Hoerster: Utilitaristische Ethik und Verallgemeinerung
Wolfram Hogrebe: Kant und die transzendentale Semantik
Harald Holz: Die Idee der Philosophie bei Schelling
Harald Holz: Philosophie humaner Praxis
Fernando Inciarte: Eindeutigkeit und Variation
Wolfgang Kluxen (Hrsg.): Thomas von Aquin im Gespräch
Reinhard Lauth: Die Entstehung von Schellings Identitätsphilosophie in der Auseinandersetzung mit Fichtes Wissenschaftslehre
Franz von Magnis: Normative Voraussetzungen in Marx' Denken
Henri-Irénée Marrou: Über die historische Erkenntnis
Rainer Marten: Platons Theorie der Idee
Werner Marx: Schelling: Geschichte, System, Freiheit
Max Müller: Philosophische Anthropologie
Severin Müller: Vernunft und Technik bei Husserl
Eckhard Nordhofen: Das Bereichsdenken im Kritischen Rationalismus
Luis Noussan-Lettry: Spekulatives Denken bei Platon
Wilhelm Perpeet: Ästhetik im Mittelalter
Cornelis Anthonie van Peursen: Wirklichkeit als Ereignis
Otto Pöggeler: Hegels Idee einer Phänomenologie des Geistes
Otto Pöggeler: Philosophie und Politik bei Heidegger
Heinrich Rombach: Strukturontologie
Richard Schaeffler: Religion und kritisches Bewußtsein
Werner Schneiders: Die wahre Aufklärung
Josef Simon (Hrsg.): Aspekte und Probleme der Sprachphilosophie
Jörg Splett: Gotteserfahrung im Denken
Jörg Splett: Die Rede vom Heiligen
Jochen Stork (Hrsg.): Fragen nach dem Vater
Fridolin Wiplinger: Metaphysik. Ursprung und Vollendung
Fridolin Wiplinger: Der personal verstandene Tod